LIVE
한국사 | 19권

6·25와 경제 개발 계획

글 임창호

〈원더풀 사이언스: 놀이기구〉를 시작으로 학습만화 스토리를 쓰고 있습니다. 그동안 지은 책으로 〈아기공룡 둘리 과학대탐험: 새와 물고기〉, 〈세상을 바꾼 큰 걸음: 찰리 채플린〉, 〈How So? 하늘의 동물/우주와 태양계/로봇/신비한 과학 문명〉, 〈마법천자문 사회원정대〉, 〈Why? 살아 있는 화석〉, 〈빈대 가족의 아빠 어디 가?〉 등이 있습니다.

그림 김기수

어린이들이 흥미롭고 즐겁게 배우고 꿈을 키울 수 있는 만화를 그리고 있습니다. 주요 작품으로는 〈마법천자문 부수마법편〉, 〈마법천자문 영문법원정대〉, 〈만화로 보는 탈무드〉, 〈SCIENCE UP! 지진과 화산〉 등이 있습니다.

학습·감수 이학운

서울대학교 사범대학 역사교육과를 졸업하였습니다. 현재 성남시 수정구 수진중학교에 근무하고 있습니다.

LIVE 한국사 ⑲ 대한민국 I 〈6·25와 경제 개발 계획〉

발행 | 2017년 5월 15일 초판 **인쇄** | 2023년 2월 27일 6쇄
발행처 | (주)천재교육
글 | 임창호 **그림** | 김기수 **학습·감수** | 이학운
표지 그림 | 윤재홍 **표지 디자인** | 양x호랭
편집 | 이복선, 박세경, 오수연, 김수지, 김정현, 이보람, 김수진, 이은녕
마케팅 | 김철우 **제작** | 황성진
사진제공 | **표지** 독립기념관, 위키피디아
　　　　　본문 위키피디아, 문화재청, 국립민속박물관, 국립문화재연구소, 연합뉴스, 뉴스뱅크, 인천광역시중구청
신고번호 | 제2001-000018호(1980.5.28)
팩스 | 02-3282-1717 **고객만족센터** | 1577-0902
주소 | 08513 서울특별시 금천구 가산로9길 54
홈페이지 | www.chunjae.co.kr

ISBN 979-11-259-2396-1 74910
ISBN 979-11-259-1336-8 74910 (세트)

이 책은 저작권법에 보호받는 저작물이므로 무단복제, 전송은 법으로 금지되어 있습니다.

추천의 글

   우리가 역사 공부를 하는 이유는 우리 사회의 여러 문제를 해결하기 위한 지혜를 얻기 위해서입니다. 한국사는 우리 삶과 문화의 뿌리이기 때문입니다. 지구촌 시대에 이러한 소속감의 중요성은 그 어느 때보다도 강조되고 있습니다. 하지만 이런 소속감은 하루아침에 생기지 않습니다. 조금씩이라도 어릴 때부터 흥미를 가지고 역사 속 이야기들에 귀를 기울이면서 생각해 보는 경험이 필요합니다.

   <LIVE 한국사>는 이런 목적에 맞게 잘 만들어진 책입니다. 무엇보다 쉽고 재미있으면서도 내용이 충실합니다. 최신의 연구 성과를 반영하고 균형감 있는 관점에 따라 잘 정리해 놓았습니다. 이 책을 읽는 초등학생들이 건전한 민주 시민으로 자라나게 될 것을 기대해 봅니다.

서울대 국사학과 교수
허수

이 책의 특징

① 인물 중심 역사!

인물과 관련된 사건의 원인과 과정, 결과를 만화 속에 녹여 독자의 이해를 돕습니다.

② 톡톡 튀는 정보!

만화 사이에 문화재 사진과 학습팁을 삽입, 놓치기 쉬운 학습 정보를 보충합니다.

꼭 읽고 만화를 보도록 해!

톡톡! 역사 — 신라에서 발견된 고구려의 유물은?

신라에서 발견된 고구려의 대표적인 유물로는 호우명 그릇과 적석총 등이 있다. 호우명 그릇은 경상북도 경주의 호우총에서 발견된 것으로, 그릇 밑받침에 새겨진 '을묘년국강상광개토지호태왕호우십'이라는 글귀는 이 그릇이 고구려의 공예품이라는 것을 알 수 있게 해 준다. 또 다른 유물인 적석총은 고구려의 전통적인 무덤 양식인데, 신라 땅이었던 울산 은현리에서 이러한 적석총이 발견되었다는 것은 신라가 고구려의 영향을 받았다는 것을 보여 주는 중요한 역사 자료이다.

 ▲ 호우명 그릇    ▲ 은현리 적석총

③ 충실한 자료!

만화 속 배경, 복식, 나이 등을 실제 사료를 참고하여 충실히 구현했습니다.

최신 발굴 유적과 유물 사진, 교과서에서 자주 나오는 지도를 담았습니다.

발해 보루와 바리 토기는 2015년에 발굴되었어!

 ▲ 고구려 집안현 개마무사 모사도 ⓒ 국립중앙박물관

 ▲ 만화 속에 반영된 고구려 개마무사

 ▲ 연해주 발해 보루터 ⓒ 국립문화재연구소

 ▲ 연해주 발해 말갈층 바리 토기 ⓒ 국립문화재연구소

 ▲ 교과서 지도

④ 한눈에 보는 역사!

만화에서 동아시아의 역사를 함께 보여 주고 핵심 노트에서 한국사와 동시대의 세계사를 요약, 정리했습니다.

고구려와 남북조의 관계를 묘사했어!

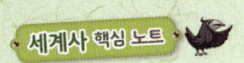

⑤ 드론 & 박물관 생생 역사 체험!

스마트폰으로 QR코드를 찍으면 해당 문화재가 있는 박물관 및 직접 촬영한 드론 동영상 등을 생생하게 체험할 수 있습니다.

안동 도산 서원

우리나라의 대표적인 유학자 퇴계 이황이 성리학을 연구하고 제자들을 가르쳤던 도산 서당이 있던 곳으로, 1574년 그가 세상을 떠난 뒤 제자들이 그의 업적을 기리기 위해 서당 뒤편에 서원을 지었다. 사적 제170호.
• 소재지 : 경북 안동시 도산면 도산서원길 154

▲ 안동 도산 서원 전교당 ⓒ 문화재청

드론 촬영한 생생한 유적지를 만나 보세요!

⑥ 부록 역사 카드!

스마트폰으로 역사 카드 뒷면의 QR코드를 찍어 앱을 다운받으면 3D 증강 현실과 애니메이션으로 역사 속 인물을 만나 볼 수 있습니다.

☆ 멀티 영상 감상 방법!

① 스마트폰으로 QR코드를 찍어 〈LIVE 한국사〉 앱을 설치한 후 각 권을 다운받습니다.
② 카드 앞면의 이미지를 앱에 비추고 해당 권의 애니메이션을 선택하여 감상합니다.
③ 카드 한 장은 스페셜 카드로, 증강 현실과 3D 애니메이션을 감상할 수 있습니다.

역사 인물을 3D 동영상으로 감상!

인물에 관련된 애니메이션도 재밌게!

등장인물 소개

누리

"책으로만 보던 역사 속에 내가 있다니 너무 신기해."

평소 역사에 관심이 많아 단짝 아라와 함께 경복궁으로 견학을 갔다가 덜렁대는 아라 덕분에 환상적인 역사 여행을 하게 된다.

아라
"이번엔 또 어떤 역사 사건을 겪을까?"

용감하고 먹성도 좋으며 불의를 보면 참지 못하는 여장부이다. 평소 부하라고 여기는 누리와 환상적인 역사 여행을 하게 된다.

보주

"우리 민족의 역사의식을 담은 결정체, 보물 구슬이야!"

한민족의 역사의식을 담고 있는 보물 구슬로, 언제 어디서 생겨났는지는 아무도 모른다. 아라의 실수 때문에 20조각으로 부서져 과거로 사라졌다.

량이
"도깨비 매직만 있으면 못 할 게 없지!"

'도깨비 량(輛)' 자를 써서 량이지만 불량 감자를 닮아 량이가 아니냐는 소리를 듣는다. 도깨비 매직으로 필요한 물건을 뚝딱뚝딱 만들고 시공간을 자유자재로 이동한다.

더글라스 맥아더
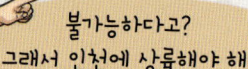
"불가능하다고? 그래서 인천에 상륙해야 해!"

(1880~1964년)
미국의 군인이다. 6·25 전쟁이 일어나자 유엔군 총사령관으로 부임해 참전하였다. 인천 상륙 작전을 진두지휘하여 전쟁의 판세를 뒤집고 서울을 되찾는 데 큰 도움을 줬다.

현봉학

"정녕 무고한 피난민들을 버리고 떠나겠단 말씀입니까?"

(1922~2007년)
대한민국의 의사이자 교수이다. 6·25 전쟁 때 국군 해병대의 통역관 겸 미군 측의 고문으로 일하였다. 흥남 철수 작전 당시 10만 명에 달하는 피난민을 배에 싣도록 설득하였다.

이승만

"나와 자유당만이 나라를 바로 세울 수 있소."

(1875~1965년)
대한민국의 제1~3대 대통령. 광복 후 1948년 대한민국 초대 대통령에 당선되었다. 3·15 부정 선거가 계기가 되어 일어난 4·19 혁명으로 사퇴하고 하와이로 망명하였다.

김주열

"부정 선거를 자행하는 자유당은 물러나라!"

(1943~1960년)
마산 상업 고등학교에 입학한 고등학생으로 3·15 부정 선거를 규탄하는 시위에 참여하였다가 실종되었다. 그 뒤 사망한 채로 발견되면서 국민들의 분노가 폭발하여 4·19 혁명의 도화선이 되었다.

진영숙

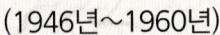

"어머니, 이미 제 마음은 거리로 나가 있습니다."

(1946년~1960년)
한성 여자 중학교 2학년 학생으로 1960년 4월 19일 시위에 참여하기 전 어머니를 위하여 마지막 편지를 남겼다. 이는 4·19 혁명 당시 유일하게 남은 유서이다.

박정희

"나는 뼛속까지 군인인 사람이오. 허나 나라가 혼란스러운 걸 어쩌나."

(1917~1979년)
대한민국의 제5~9대 대통령. 일제 강점기에 만주 군관 학교를 졸업한 후, 장교로 근무하였다. 광복 후 국군 장교로 지내다 5·16 군사 정변을 주도하여 정권을 잡았다.

전태일

"노동자도 사람입니다. 기계가 아니에요!"

(1948~1970년)
대한민국의 노동 운동을 상징하는 인물이다. 봉제 노동자로 일하면서 열악한 노동 환경을 개선하기 위해 노력하다가 근로 기준법 준수를 요구하며 분신하였다.

차례

1장 인천 상륙 작전은 어떻게 성공했을까? ········ 10
　　　　한국사·세계사 핵심 노트 ········ 44

2장 흥남 부두의 피난민들은 어떻게 탈출할 수 있었을까? ········ 48
　　　　한국사·세계사 핵심 노트 ········ 78

3장 4월 19일 시민들이 태극기를 든 이유는 무엇일까? ········ 82
　　　　한국사·세계사 핵심 노트 ········ 112

4장 대한민국은 어떻게 급속한 경제 발전을 이뤘을까? ········ 116
　　　　한국사·세계사 핵심 노트 ········ 140

5장 노동자들은 권리를 찾기 위해 어떤 노력을 했을까? ········ 144
　　　　한국사·세계사 핵심 노트 ········ 180

🔍 교과서로 보는 연표 ········ 9　　📢 도전! 역사 퀴즈 ········ 184
📷 QR 박물관 ········ 194　　✏️ 정답과 해설 ········ 196

• 만화 하단의 ▶표시는 역사 관련 어휘, ＊표시는 일반 어휘로 구분하였습니다.

교과서로 보는 연표

이 책에 해당하는 역사 연도를 미리 살펴보세요!

한국사 | 세계사

한국사	연도	연도	세계사
		1949	중화 인민 공화국 수립
6·25 전쟁 발발	1950		
6·25 전쟁 휴전 협정 체결	1953		
사사오입*개헌	1954	1954	중국, 평화 5원칙 선언
		1955	제1회 아시아·아프리카 회의
		1957	소련, 최초의 인공위성 발사
4·19 혁명	1960	1960	베트남 전쟁 발발
5·16 군사 정변	1961	1961	베를린 장벽 건설
경제 개발 5개년 계획 시작	1962	1962	쿠바 봉쇄
베트남 전쟁 파병	1964		
한일 협정 체결	1965		
		1966	중국, 문화 대혁명(~1976)
		1967	제3차 중동 전쟁
3선 개헌	1969	1969	아폴로 11호, 달 착륙
새마을 운동 시작, 전태일 분신	1970		
7·4 남북 공동*성명, 유신 헌법 공포	1972	1972	미국 대통령 닉슨, 중국 방문
		1973	제1차 석유 파동
		1975	베트남 전쟁 종결
수출 100억 달러 달성	1977		
부·마 민주화 운동	1979		

얼른 통일이 되어야 할 텐데.

6·25 전쟁은 정말 가슴 아픈 일이야.

* 개헌 : 헌법을 고침.
* 성명 : 어떤 일에 대한 자기의 입장이나 의견 등을 공개적으로 발표함.

*불통 : 길, 다리, 철도, 전화 등의 연결이 끊겨 서로 통하지 않는 상태.
*진격 : 적을 공격하기 위하여 앞으로 나아감.

*도깨비 : 동물이나 사람의 형상을 한 귀신. 뛰어난 힘과 재주를 가지고 있어 사람을 홀리기도 하며 짓궂은 장난을 많이 함.

 6·25 전쟁은 왜 일어났을까?

자본주의를 대표하는 미국과 공산주의를 대표하는 소련이 대립하던 냉전 시대에 우리나라는 광복을 맞았다. 그러자 한반도를 제 편으로 끌어들이려고 하였던 미국과 소련은 우리나라 한가운데에 38도선을 긋고는 남쪽은 미국이, 북쪽은 소련이 관리하기로 합의하였다. 미국은 공산주의 세력에 대항하여 남한만의 정부를 세우려 하던 이승만을 지지하였다. 곧 남한에서는 ▶제헌 국회가 만들어졌고, 국회는 이승만을 대통령으로 뽑았다. 1948년 8월 15일, 대한민국이라는 단독 정부가 들어선 것이다. 이에 질세라 북한도 1948년 9월 9일, 김일성을 지도자로 하는 조선 민주주의 인민공화국을 세웠다. 한반도에 두 개의 나라가 세워지자 이승만과 김일성은 전쟁을 해서라도 통일을 해야 된다고 주장하였다. 결국 1950년 6월 25일, 북한군은 38도선을 넘어 남쪽으로 진군하였다.

*어수선하다 : 사물이 얽히고 뒤섞여 가지런하지 않고 마구 헝클어져 있다.
▶제헌 국회 : 대한민국의 초대 국회를 이르는 말. 여기에서 대한민국 헌법을 제정하였음.

북한군의 진격이 늦어진 이유는 무엇일까?

북한군은 서울에 앞서 전략적으로 중요한 춘천을 점령할 계획이었다. 하지만 북한군의 계획은 *차질을 빚게 되는데, 이는 춘천 경찰서 내평 지서의 경찰 12명과 대한 청년단 단원 3명이 목숨을 걸고 북한군을 막았기 때문이다. 이들은 통신이 끊긴 상태에서 1만여 명의 북한군을 한 시간 가까이 막아 냈고, 덕분에 국군은 대비할 시간을 갖게 되었다. 이로써 24시간 이내에 춘천을 거쳐 서울까지 전진할 계획이었던 북한군의 최초 공격은 실패로 돌아가게 되었다.

* **필사적**: 죽을힘을 다하는 것.
* **차질**: 일이 틀어지게 돌아감.

*북진 : 북쪽으로 나아감.
*적대시 : 상대를 적으로 여김.

*[16쪽] 식은 죽 먹기 : 아주 쉬운 일임을 비유적으로 이르는 말.
*인민군 : 북한의 군대.

*어르신 : 나이가 많은 사람을 높여 이르는 말.
*교육 : 지식과 기술 등을 가르치며 인격을 길러 줌.

*간첩 : 한 국가나 단체의 비밀을 몰래 알아내어 경쟁 또는 대립 관계에 있는 국가나 단체에 제공하는 사람.

* 안전하다 : 위험이 생기거나 사고가 날 염려가 없이 편안하고 온전하다.
* 라디오 : 방송국에서 보낸 전파를 수신하여 음성으로 바꿔 주는 기계.

*안심하다 : 모든 걱정을 떨쳐 버리고 마음을 편히 가지다.
*녹음 : 테이프나 영화 필름 등에 소리를 기록하는 것.

* **한강 철교** : 한강에 세워진 다리로, 현재의 용산구 이촌동과 동작구 노량진동을 잇고 있음.
* **되돌아가다** : 원래 있던 곳이나 원래 상태로 도로 돌아가다.

*다리 : 물을 건너거나 한편의 높은 곳에서 다른 편의 높은 곳으로 건너다닐 수 있도록 만든 인공 시설물.

*이북: 어떤 지점을 기준으로 하여 그 북쪽.
*탈환: 빼앗겼던 것을 도로 빼앗아 찾음.

* 매직 : magic. 마술.
* 생뚱맞다 : 앞뒤가 맞지 않고 매우 엉뚱하다.

*점령 : 군대가 적국의 영토에 들어가 그 지역을 군사적 지배하에 둠.
*[27쪽] 방어선 : 적의 공격을 막기 위하여 설치해 놓은 경계 전선.

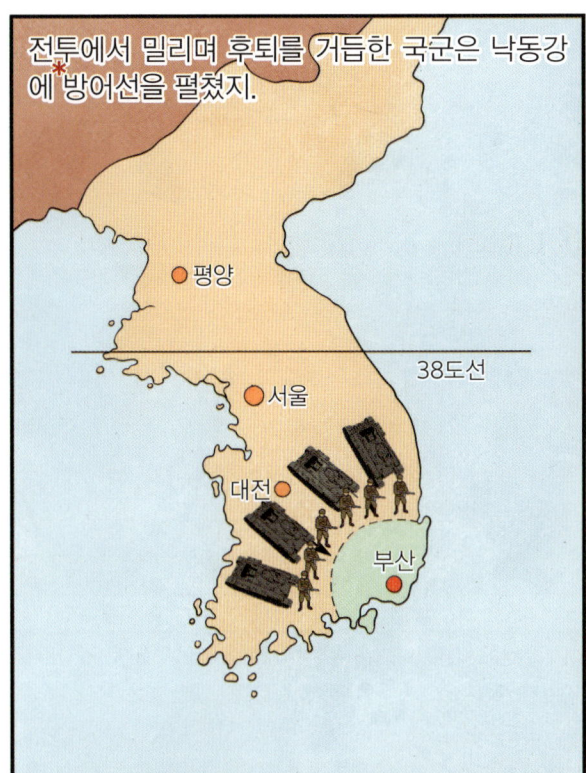
전투에서 밀리며 후퇴를 거듭한 국군은 낙동강에 방어선을 펼쳤지.

낙동강 방어선 중 다부동은 가장 치열한 전투가 벌어진 곳 중 하나야.

아주 중요한 곳이었나 봐?

만일 다부동이 북한군의 손안에 들어가면 대구가 북한군이 쏘는 지상포의 *사정거리 안에 들어가게 되거든. 다부동은 그야말로 전쟁의 승패를 *좌우할 만큼 중요한 장소였지.

그래서 북한군은 다부동 일대를 맹렬하게 공격하였어.

물론 국군도 다부동을 사수하기 위해 필사적으로 맞서 싸웠지.

* **사정거리** : 탄알, 포탄, 미사일 등이 발사되어 도달할 수 있는 곳까지의 거리.
* **좌우하다** : 어떤 일에 영향을 주어 지배한다.

▶ 학도병 : 학생 신분으로 군대에 들어간 병사.
＊공세 : 공격하는 태도나 자세.

톡톡! 역사

학생들이 총을 들고 전쟁에 참가한 이유는 무엇일까?

6·25 전쟁 당시 전국은 전쟁의 소용돌이에 휘말렸다. 이에 많은 학생들은 스스로 학업을 중단하고 북한군의 무력 침공을 막기 위하여 무기를 들고 맞서 싸웠다.

*항전 : 적에 대항하여 싸움.
*판도 : 어떤 세력이 미치는 영역이나 범위.

▶ **더글러스 맥아더(1880~1964년)**: 미국의 군인이자 정치가. 6·25 전쟁 때 인천 상륙 작전을 주도하여 큰 성과를 이루었다.

* 전세 : 전쟁, 경기 등의 형편.
* 지형 : 땅의 생긴 모양.

* **적진** : 적이 모여 있는 진지.
* **첩보** : 상대편의 정보나 형편을 몰래 알아내어 보고함.

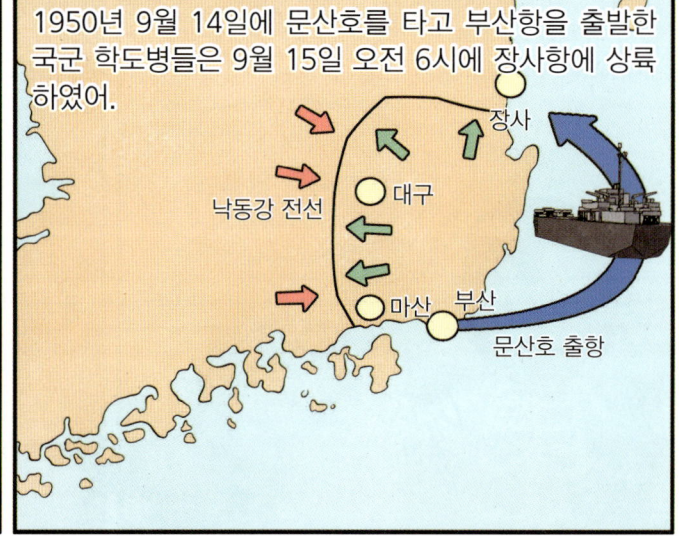

*양동 작전 : 적의 경계를 분산시키기 위하여 실제 전투는 하지 않지만 병력이나 장비를 가동함으로써 마치 공격할 것처럼 보여 적을 속이는 작전.

똑똑! 역사 — 팔미도의 등대를 밝힌 것은 누구였을까?

켈로 부대는 광복을 맞은 이후 대북 첩보를 담당하던 특수 비밀 첩보 조직으로 계급이나 군번도 없이 활동하였다. 켈로 부대와 미군으로 구성된 특공대는 북한군이 점령한 팔미도의 등대를 탈환하라는 임무를 부여받았다. 팔미도는 인천 연안 전체가 한눈에 보이는 요충지로, 인천 상륙 작전이 성공하기 위해서는 반드시 등대를 탈환해 인천의 바다를 밝혀야 하였다. 이들은 격전 끝에 등대를 되찾는 데 성공하였고, 인천 연안을 훤히 볼 수 있게 된 맥아더는 인천 상륙 작전을 성공적으로 실시할 수 있게 되었다.

* [34쪽] 보급로 : 작전 지역에 무기나 식량 등의 보급품을 나르기 위한 모든 길.
* 경계 : 적의 기습과 같은 예상하지 못한 침입을 막기 위하여 일정한 지역을 살펴 지킴.

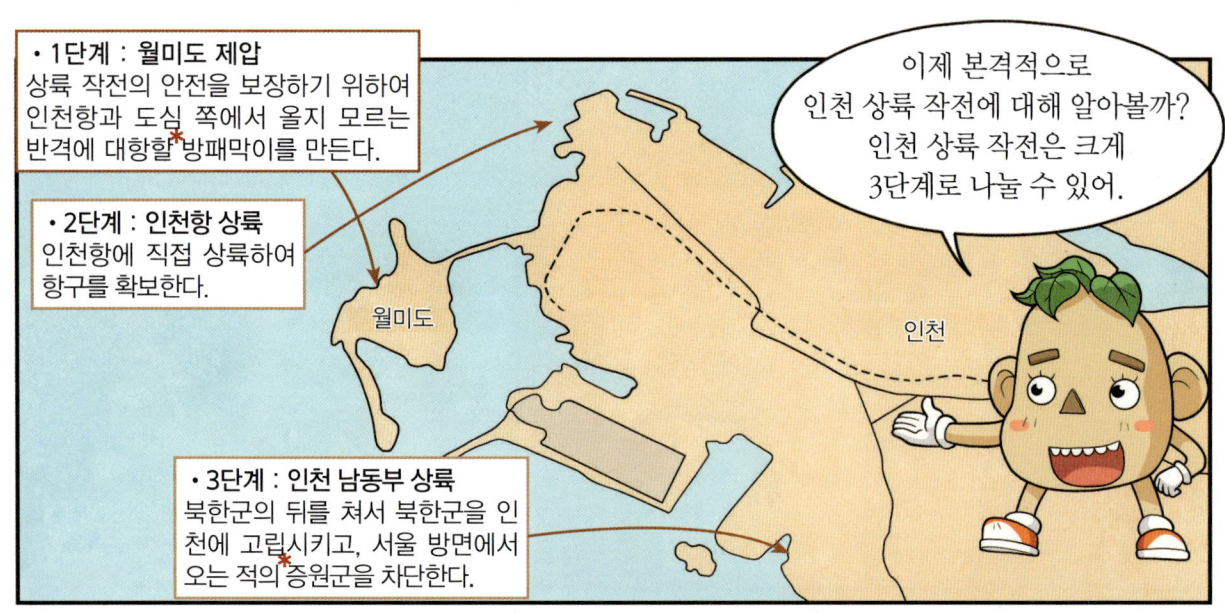

* **방패막이** : 어떤 사건이나 공격으로부터 막아 보호하는 일.
* **증원군** : 사람 수를 더 늘리어 도우려고 보내는 군대.

*[36쪽] 선단 : 어떤 일을 공동으로 하는 배의 무리.
*[36쪽] 진입하다 : 향하여 들어가다.

***불도저** : 토목 공사에 사용하는 특수 자동차. 흙을 밀어 내어 땅을 다지는 일 등에 주로 쓰임.
***벙커** : 적으로부터 아군을 보호하기 위하여 땅을 파서 만든 구덩이.

* **지원 사격** : 공격 또는 후퇴 중인 부대의 작전을 돕기 위하여 하는 사격.
* **철두철미** : 처음부터 끝까지 빈틈없이 철저하게.

* **시가전** : 도심 한가운데에서 벌이는 전투.
* **제압하다** : 힘으로 억눌러서 통제하다.

*요소 : 어떤 사물을 구성하는 근본적인 조건.
*방어선 : 적의 공격을 막기 위하여 진을 쳐 놓은 전선.

*탈환 : 다시 빼앗아 찾음.
*주역 : 중심적인 역할.

한국사 핵심 노트

6·25 전쟁의 전개 과정을 알아보자.

🟢 민족의 비극, 6·25 전쟁

(1) 북한군, 남한 침범(1950. 6. 25)

1950년 6월 25일 새벽에 북한군이 38도선을 넘어 남침하였다.

(2) 북한군, 서울 점령 (1950. 6. 28.)

북한군은 단 3일 만에 서울을 점령하였다. 반면 국군은 단 한 대의 탱크도 갖고 있지 않았다.

(3) 유엔군, 인천 상륙 (1950. 9. 15.)

국군과 유엔군이 인천 상륙 작전에 성공하여 전쟁에서 유리해졌다.

(4) 국군·유엔군, 서울을 되찾음 (1950. 9. 28.)

국군과 유엔군이 서울을 되찾고 나아가 평양까지 점령하였다.

(5) 중국군, 참전 (1950. 10. 25.)

대규모 중국군 부대가 참전하여 북한군을 도왔다.

(6) 휴전 협정 체결 (1953. 7. 27.)

*군사 분계선 설정과 포로 교환 방식에 대하여 남북이 합의하기까지 무려 2년여의 시간이 걸렸다.

*군사 분계선 : 전쟁 중인 양측의 협정에 따라 설정한 군사 활동의 한계선.

대한 해협 전투와 인천 상륙 작전

전쟁이 시작된 지 3일 만에 수도 서울이 점령당하고, 한 달 만인 7월 말에 낙동강 방어선을 제외한 대부분의 남한 지역이 북한군의 손안에 들어갈 만큼 국군은 힘없이 밀려났다. 그러나 바다에서는 사정이 달랐다.

1) 백두산함

광복 직후인 1945년 11월에 손원일을 중심으로 해안 경비를 담당할 '해방병단'이 만들어졌다. 이것이 뒷날 대한민국 해군의 밑바탕이 되었다.

당시 우리 해군은 제대로 된 군함조차 없는 열악한 상태였는데 국민들이 모아 건넨 성금 1만 8천 달러와 정부의 지원을 바탕으로 손원일이 미국에 건너가 군함을 구입하여 '백두산함'이라 이름 붙였다. 백두산함이 경상남도 진해의 해군 기지에 도착한 것은 1950년 4월로, 전쟁이 시작되기 겨우 두 달 전의 일이었다.

▲백두산함

2) 대한 해협 전투

1950년 6월 25일 오후 8시경 동해안에 북한군의 배 한 척이 나타났다. 바닷길을 통해 부산 등에 상륙하려는 북한군 부대를 태운 배였다. 양측은 치열한 전투를 벌였고, 결국 다음 날 오전 1시경에 북한군 배가 포를 맞고 침몰하였다. 이로써 6·25 전쟁 동안 벌어진 첫 해상 전투인 대한 해협 전투는 남한의 승리로 끝났다.

3) 인천 상륙 작전

유엔군은 전세를 뒤집기 위하여 적의 후방 지역인 인천에 대규모 병력을 상륙시키려는 작전을 세웠다. 대다수 장군들이 인천의 지리적 특징을 이유로 들며 반대하였으나, 당시 총사령관이었던 맥아더는 뜻을 굽히지 않고 작전을 *강행하였다. 결국 인천 상륙에 성공한 국군과 유엔군은 서울을 되찾고, 단숨에 38도선까지 돌파하였다.

궁금해요! 손원일은 누구인가요?

아버지가 상하이 임시 정부에서 일했기 때문에 오랫동안 중국에서 지내다가 광복과 더불어 귀국하였어. 해방병단을 만들고 1대 단장으로 활동하다가, 1948년 8월에 대한민국 정부가 수립되자 해군 참모 총장에 임명되었지. 우리 해군은 대한민국 해군을 창설한 그의 공로를 기리는 뜻에서 최첨단으로 꼽히는 214급 잠수함을 '손원일급 잠수함'이라고 불러. 손원일급 잠수함에는 안중근 함, 김좌진 함, 윤봉길 함, 유관순 함, 홍범도 함 등 독립운동가들의 이름이 붙어 있어.

▲손원일

* **대한 해협** : 대한민국과 일본 사이에 끼어 있는 좁고 긴 바다.
* **강행하다** : 어려움을 무릅쓰고 행하다.

세계사 핵심 노트

> 국제 연합의 설립 목적과 활동에 대해 알아보자.

⬠ 세계 평화를 위한 국제기구, 국제 연합(UN)

1) 국제 연합의 창설

제2차 세계 대전 이후 세계 각국은 보다 강력한 국제기구가 필요하다는 데 합의하였다. 이에 따라 1945년에 미국, 영국, 프랑스, 중국, 소련 등 50개 나라가 국제 연합 헌장*에 서명하였고, 전쟁 방지와 평화 유지를 목적으로 국제 협력을 도모하는 국제 연합이 공식 출범하였다.

오늘날 국제 연합은 애초의 목적 외에도 인권 보호, 테러와 빈곤 퇴치, 기후 변화와 에너지 문제 타개*, 자연재해 지원 등 지구촌의 온갖 문제를 해결하는 국제기구로서 활동하고 있다. 우리나라는 1991년 9월에 북한과 함께 회원국으로 가입하였다.

▲국제 연합기
평화를 상징하는 올리브 가지로 만든 화환이 세계 지도를 둘러싸고 있다.

2) 국제 연합군의 개입

국제 연합군은 세계 평화를 지키고 유지하기 위하여 군사적인 제재가 필요할 때 구성하는 비상 군대이다.

6·25 전쟁이 일어나자 국제 연합은 즉시 안전 보장 이사회를 열어 파병을 결정하였는데, 이것이 국제 연합군이 파견된 첫 사례이다. 이에 따라 미국, 오스트레일리아, 벨기에, 캐나다, 콜롬비아, 프랑스, 그리스, 에티오피아, 룩셈부르크, 네덜란드, 뉴질랜드, 필리핀, 태국, 터키, 영국, 남아프리카 연방까지 총 16개 회원국이 유엔군으로 6·25 전쟁에 참전하였다.

▲유엔 기념 공원(부산광역시 남구)
6·25 전쟁 당시 파병된 군인들이 묻힌 유엔군 묘지이다.

3) 평화 유지군

평화 유지군은 무력을 사용하지 않으면서도 분쟁 지역의 평화를 유지하거나 피해를 복구하기 위하여 정찰·수색·통제 등의 특별 활동을 한다. 1948년 아랍권 국가들과 이스라엘 사이의 휴전 협정 이행·위반을 감시하는 임무를 시작으로 전 세계 곳곳에 파견되었다. 2015년을 기준으로 16개 나라에서 12만 명의 평화 유지군이 활동하고 있다.

---

* **헌장** : 어떠한 사실에 대하여 약속을 지키기 위하여 정한 규범.
* **타개** : 매우 어려운 일을 잘 처리하여 해결의 길을 엶.

3) 국제 연합의 주요 기구

① 총회 : 국제 연합 가입국 대표들이 모두 모이는 최고 의결 기관이다.
② 안전 보장 이사회 : 세계 평화와 안전을 유지하는 책임을 맡고 있다. *상임 이사국 5개국과 비상임 이사국 10개국으로 구성되어 있다. 상임 이사국은 미국, 영국, 러시아, 프랑스, 중국으로 변하지 않으며, 비상임 이사국은 1년에 5개국씩 교체된다.
③ 신탁 통치 이사회 : *신탁 통치에 관한 문제를 처리한다. 1994년 마지막 신탁 통치 지역이었던 팔라우가 독립하면서 활동이 종료되었다.
④ 경제 사회 이사회 : 경제, 사회, 문화, 교육, 식량, 통신 등 정치를 제외한 각 분야에서의 활동을 지휘하고 관리한다.
⑤ 국제 사법 재판소 : 국제 연합의 사법 기관으로, 15명의 재판관으로 구성되며 네덜란드 헤이그에 본부가 있다.
⑥ 사무국 : 국제 연합의 사무를 관장하는 기관으로, 우리나라의 반기문이 8대 사무총장을 맡았다.

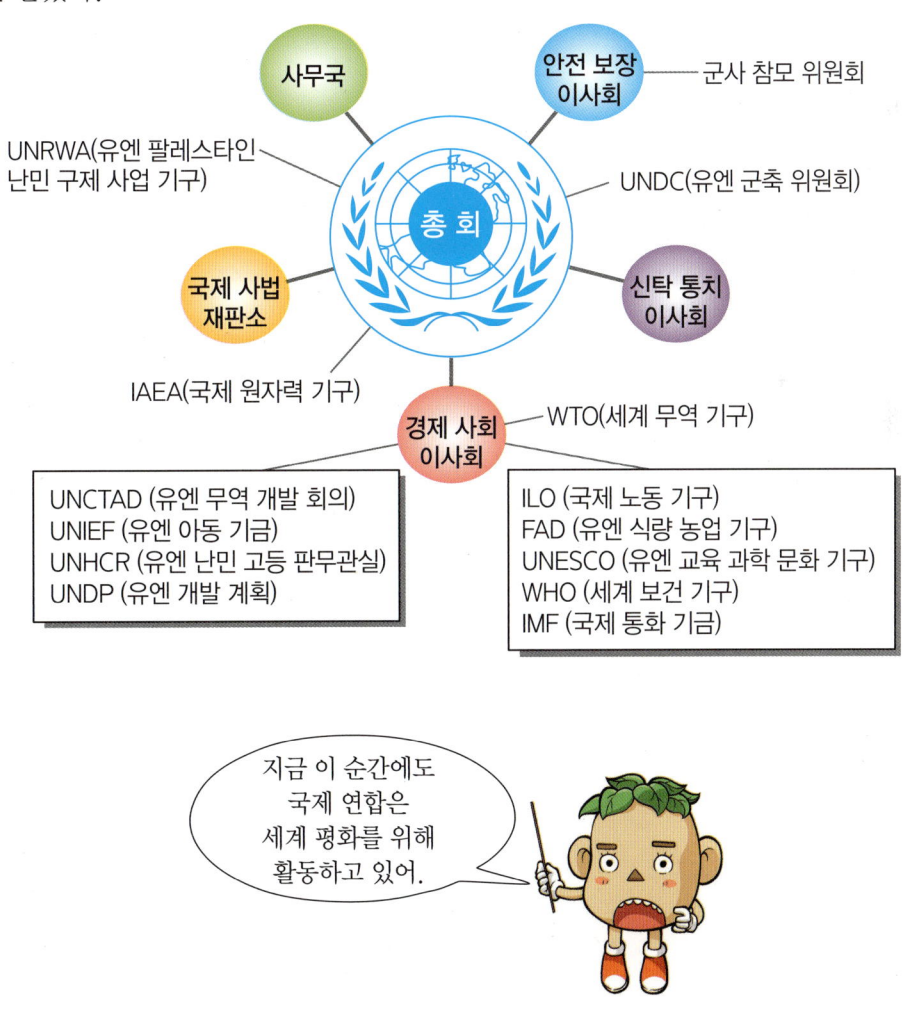

지금 이 순간에도 국제 연합은 세계 평화를 위해 활동하고 있어.

* 상임 : 일정한 일을 계속하여 맡음.
* 신탁 통치 : 스스로 다스릴 능력이 없다고 판단되는 지역을 대신 맡아 다스림.

2장 1950년경~1953년경

흥남 부두의 *피난민들은 어떻게 탈출할 수 있었을까?

1950년 11월 함경북도 청진

아이, 추워….

따뜻한 방에서 몸 좀 녹이면 소원이 없겠다!

우아, 집이야! 우리 여기서 잠깐 쉬었다 갈까?

그래. *밑져야 본전이니 일단 물어나 보자!

저기요!

아무도 안 계세요?

휑~

* **피난민** : 자연재해나 전쟁을 피하여 다른 나라나 다른 지방으로 옮겨가는 사람.
* **밑져야 본전** : 일이 잘못되어도 손해 볼 것은 없다는 말.

*오한 : 몸이 오슬오슬 춥고 떨리는 증상.
*땔감 : 불을 때는 데 쓰는 재료.

*말투 : 말을 하는 버릇이나 본새.
*포로 : 사로잡은 적.

* **분단** : 하나의 단체를 몇 개의 작은 단위로 나눔.
* **여세** : 어떤 일을 겪은 다음의 나머지 세력이나 기세.

*[52쪽] 점령 : 군사상의 힘을 동원하여 일정한 지역을 차지함.
*한민족 : 한국어를 공통으로 사용하며 한반도를 중심으로 공동의 문화권을 형성한 민족.

1950년대의 세계는 자본주의와 공산주의로 나뉘어 대립하고 있었는데 자본주의를 대표하는 미국이 *승기를 잡자 중국은 이를 막을 목적으로 1950년 11월 4일, 6·25 전쟁에 참전할 것을 정식으로 선언하였어.

하지만 중국군은 참전을 선언하기 전인 1950년 10월에 이미 압록강을 건너와 북한군을 돕고 있었어.

중국은 왜 북한군을 도운 거야?

중국은 미국이 북한에 들어오자 위협을 느꼈어. 게다가 미국을 막으라는 소련의 압박도 한몫했지. 중국은 소련으로부터 *원조를 받기로 해서 소련의 제안을 거부할 수 없었거든.

54　***승기**: 전쟁이나 경기 등에서 이길 수 있는 기회.
　　***원조**: 물품이나 돈 등으로 도와줌.

* **속수무책** : 손을 묶은 것처럼 어찌할 도리가 없어 꼼짝 못 함.
* **화력** : 총이나 대포 등과 같은 무기가 내는 강력한 힘.

유엔군이 아무리 공격해도 끝도 없이 나와.

중국군의 *인해 전술을 당해 내지 못한 유엔군은 결국 후퇴하였어.

안 되겠다. 우리까지 휘말리기 전에 일단 피하자!

* **인해 전술** : 많은 병력을 투입하여 적을 압도하는 전술.
* **[57쪽] 대대적** : 일의 범위나 규모가 매우 큰 것.

1950년 12월 함경남도 흥남

이렇게 많은 사람들이 모인 건 처음 봐.

그럴 만도 하지. 지금 이곳 흥남 부두에서는 *대대적인 *철수 작전이 벌어지고 있거든.

중국군이 6·25 전쟁에 참전하면서 전세가 뒤바뀌자 맥아더는 유엔군과 국군을 부산, 마산, 울산으로 철수시켰어.

흥남 부두에는 약 10만 5천여 명의 병력과 1만 7천여 대의 차량, 35만여 톤의 *군수 물자와 탱크가 집결하였지.

거기에 전쟁을 피해 좀 더 안전한 곳으로 떠나려는 북한 주민 30만여 명까지 몰려들었어.

*철수 : 있던 곳에서 장비나 시설을 거두어 물러남.
*군수 물자 : 전투 식량, 군복, 무기 등 군대에 필요한 물품이나 재료.

* **임신부** : 아이를 밴 여자.
* **민간인** : 관리나 군인이 아닌 일반 사람.

*고문 : 어떤 분야에 대하여 전문적인 지식과 풍부한 경험을 가지고 의견을 제시하는 직책.
*간곡하다 : 간절하고 정성스럽다.

*부지하다 : 버티어 지탱하다.
*무고하다 : 아무런 잘못이나 허물이 없다.

*[60쪽] 육로 : 땅 위에 나 있는 길.
* 선박 : 사람이나 물건을 싣고 물위를 떠다니도록 만든 물건. 주로 규모가 큰 배를 이름.

*정원 : 일정한 규정에 의하여 정해진 인원.
*[63쪽] 함대 : 여러 척의 군함과 항공기로 짜여진 해군 부대.

 **역사상 가장 많은 사람을 구한 배는 무엇일까?**

메러디스 빅토리호가 흥남 부두에 도착하였을 때, 아직도 수많은 피난민이 그곳에 남아 있었다. 피난민들의 승선을 막던 레너드 라루 선장은 처음의 계획을 수정하여 무기와 군수 물자를 버리고 남은 피난민을 모두 태우기로 결정하였다. 정원의 230배가 넘는 1만 4천여 명의 피난민을 태운 배는 12월 23일에 흥남 부두를 떠나 12월 25일 거제도에 도착할 때까지 한 사람의 *인명 피해도 발생하지 않았고, 절망적인 상황 속에 5명의 새로운 생명이 태어났다. 메러디스 빅토리호는 인류 역사상 '가장 많은 인명을 구조한 배'로 기록되었다.

64
* **절박하다** : 어떤 일이나 때가 가까이 닥쳐서 몹시 급하다.
* **인명** : 사람의 목숨.

▶ 1·4 후퇴 : 1951년 1월 4일, 중국군의 공격에 밀려 남한 정부가 수도 서울에서 철수한 사건.
* 대규모 : 넓고 큰 범위나 크기.

*방방곡곡: 한 군데도 빠짐이 없는 모든 곳.
*무사하다: 아무 탈 없이 편안하다.

*고달프다 : 힘들고 고단하다.
*협조 : 힘을 보태어 도움.

*배급 : 나누어 줌.
*환호하다 : 기뻐서 큰 소리로 부르짖다.

톡톡! 역사 — 피난민들은 어떤 음식을 먹었을까?

떡볶이	매콤한 맛의 **빨간 떡볶이는 6·25 전쟁 이후 등장**하였다. 처음에는 떡을 꼬치에 꿰어 구워서 팔기 시작하였던 것이 어묵과 대파 등으로 맛을 내며 오늘날의 떡볶이가 되었다.
밀면	부산을 대표하는 음식 중 하나인 **밀면은 피난 온 이북민이 미군이 나누어 준 밀가루로 냉면과 비슷한 음식을 만들며 시작**되었다.
부대찌개	**부대찌개는 6·25 전쟁 이후 *주둔하게 된 미군이 나누어 준 햄과 소시지 등을 모아 끓인 것**으로, 미군 부대가 많던 경기도 의정부 지역에서 많이 만들어졌다.

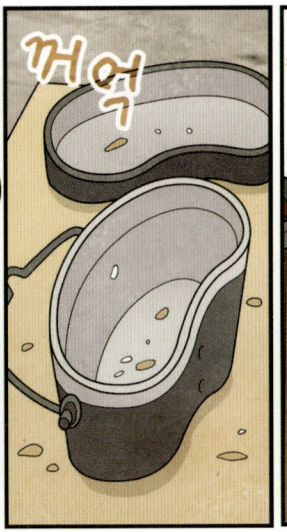

* **주둔하다** : 군대가 임무 수행을 위하여 한 지역에 머무르다.
* **간에 기별도 안 가다** : 먹은 것이 너무 적어 먹으나 마나 하다.

*통 : 어떤 일이 벌어진 환경.
*[71쪽] 전술 : 전투나 작전에서 사용되는 군사적 기술과 방법.

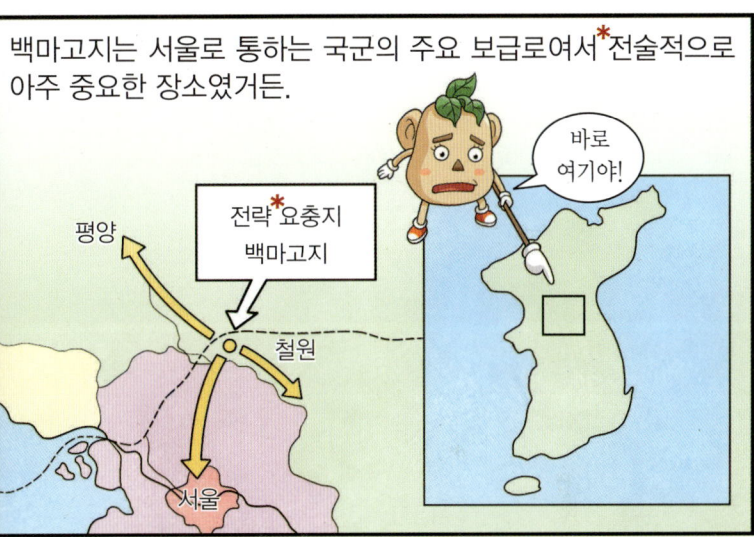

* **요충지** : 지형이 작전하기에 유리하게 되어 있어 군사적으로 아주 중요한 장소.
* **인도주의** : 인종이나 국가 등의 차이를 넘어 인간의 존엄성을 최고의 가치로 여기는 사상.

*난항 : 여러 가지 문제 때문에 일이 순조롭게 진행되지 않음을 비유적으로 이르는 말.
*백문이 불여일견 : 백 번 듣는 것이 한 번 보는 것만 못하다는 말.

*공방전 : 서로 공격하고 방어하는 싸움.
*병력 : 군대의 인원.

*육탄전 : 무기를 사용하지 않고 맨몸으로 싸우는 것을 비유적으로 이르는 말.
*탈환하다 : 다시 빼앗아 찾다.

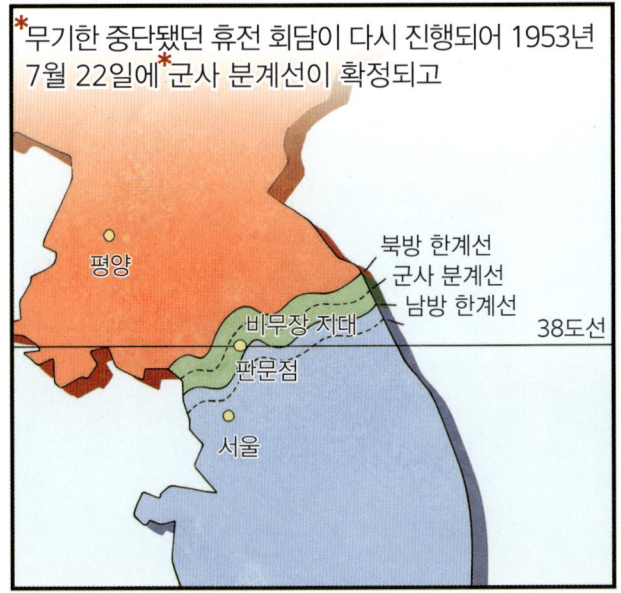

* **무기한**: 언제까지라고 정한 기한이 없음.
* **군사 분계선**: 전쟁 중인 양측의 협정에 따라 설정한 군사 활동의 한계선.

* **광복** : 빼앗긴 주권을 도로 찾음.
* **실감** : 실제로 체험하는 느낌.

* [76쪽] 비극 : 매우 슬프고 비참한 일이나 사건.
* 일리 : 어떤 면에서 그런대로 타당하다고 생각되는 이치.

한국사 핵심 노트

6.25 전쟁의 피해를 알아보자.

6·25 전쟁의 피해와 영향

1) 인명 피해

3년이나 지속된 전쟁으로 인한 인명 피해는 엄청났다. 군인 270만여 명과 민간인 250만여 명이 죽거나 다쳤고, 30만여 명이 남편을 잃었으며, 10만여 명이 전쟁고아가 되었다. 이산가족은 무려 1,000만 명에 달했다. 한반도 전체가 전쟁터가 되었던 탓에 실제 전투에 참여한 군인의 피해에 버금갈 정도로 민간인 피해도 컸던 것이다.

▲ 6·25 전쟁 당시 피난민
전쟁으로 많은 사람들이 고통받았다.

2) 경제 피해

학교, 주택, 도로, 다리 등이 모두 파괴되어 휴전 협정으로 전쟁이 종결된 뒤에도 몇 년 동안 남북한 모두 전쟁 피해 복구에 온 힘을 쏟아야만 하였다. 공장을 비롯한 산업 시설도 대부분 잿더미가 되었다.

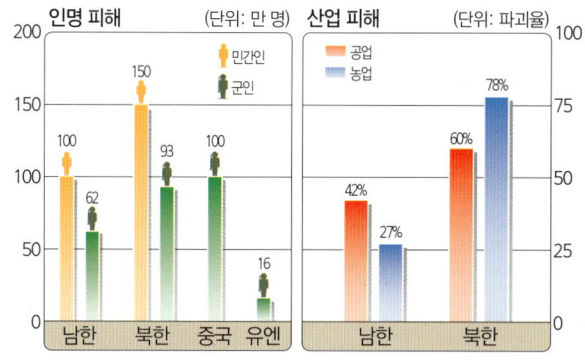

▲ 6·25 전쟁의 피해 상황

3) 분단 체제의 강화

전쟁 과정에서 상대방의 편을 들거나 협력하였다는 이유로 보복하는 일도 잇달았다. 전쟁 초 승리를 거둔 북한군은 점령 지역에서 토지 개혁과 같은 북한식 개혁을 시행하면서, 남한의*지주나 공무원 등을 처형하였다. 이후 국군과 유엔군이 그 지역을 점령하였을 때에는 반대로 북한군에 협력한 사람들에 대한 처형이 뒤따랐다. 전쟁으로 민족 공동체 의식 대신 서로 불신하고 적대하는 감정이 깊어지는 가운데 남북한의 분단 체제는 더욱 깊어졌다.

* **지주** : 자신이 소유한 토지를 남에게 빌려주고 땅값을 받는 사람.

6·25 전쟁 중 일어난 사건

1) 거창 사건

1951년 2월 9일, 경상남도 거창군 신원면에 국군 부대가 들어왔다. 군인들은 마을 주민들이 북한군과 *내통하였다며 집을 불태우고 기관총으로 주민들을 공격하였다. 3일 동안 719명이 적으로 몰려 죽임을 당하였는데 이들 중 대다수는 어린 아이들, 예순이 넘는 노인들, 여성들이었다.

▲거창 사건 위령탑

2) 국민 보도 연맹 사건

국민 보도 연맹은 6·25 전쟁 전인 1949년 4월에 남한 정부가 만든 단체이다. 공산주의자들을 남한 체제에 적응시키겠다는 목적으로 만들어졌으나, 사실은 *이념과 상관없이 배급품을 얻으려는 사람들을 무작정 가입시킨 경우가 많았다. 이렇게 가입된 사람들이 30만 명가량 되었다. 그런데 전쟁이 터지자 남한의 군인과 경찰들은 국민 보도 연맹의 회원들이 다시 남한을 배신하고 북한 편을 들지도 모른다며 이들을 학살하였다.

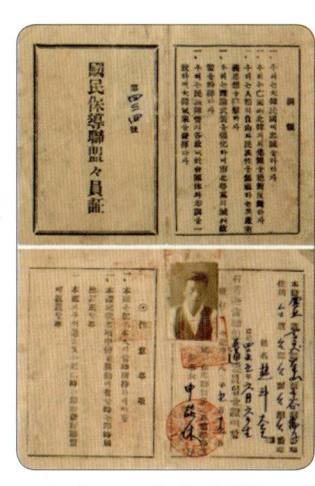
▲국민 보도 연맹 회원증

3) 국민 방위군 사건

1950년 겨울에 대한민국 정부는 국민 방위군이라는 이름의 예비 부대를 편성하였다. 그런데 이 과정에서 부대에 지급할 군복과 식량을 몇몇 간부들이 빼돌리는 비리가 발생하였다. 결국 국민 방위군은 아무런 물품도 받지 못한 상태로 이동을 시작하였고, 결국 9만여 명이 굶어 죽거나 얼어 죽고 말았다.

▲소집된 국민 방위군

---

* **내통하다** : 외부의 조직이나 사람과 남몰래 관계를 가지고 통하다.
* **이념** : 한 시대나 계급에 독특하게 나타나는 관념, 믿음 등을 통틀어 이르는 말.

세계사 핵심 노트

1950년대 이후 냉전의 전개 과정을 알아보자.

⬠ 냉전의 심화

제2차 세계 대전 이후 미국을 중심으로 하는 자본주의 진영과 소련을 중심으로 하는 공산주의 진영 간의 냉전이 치열하게 벌어지면서 국제 사회는 또 다시 갈등의 소용돌이로 빠져들었다.

1) 동아시아의 냉전 체제 확립

1949년 중국이 공산화되고 1950년 6·25 전쟁이 시작되자, 미국은 동아시아에서 공산주의 세력이 커지는 것을 막을 필요성을 느꼈다. 그래서 미국은 필리핀, 일본, 대한민국, 오스트레일리아, 뉴질랜드와 안전 보장 조약을 체결함으로써 아시아와 태평양 지역에 반공산주의 네트워크를 구축하려 하였다.

한편 중국은 6·25 전쟁에 개입하여 세계 최강국으로 불리던 미국과 대결함으로써 공산주의권 내에서 위상이 높아졌다.

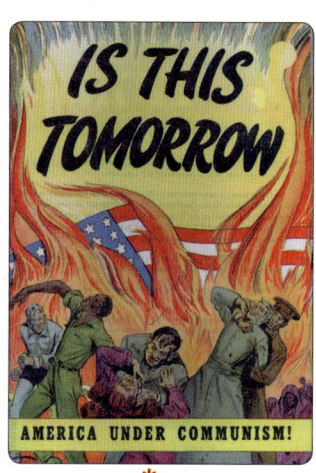
▲ 미국이 만든 *매카시즘 포스터

2) 무기 경쟁

제2차 세계 대전 중 독일, 영국, 미국, 소련의 과학자들은 치열한 핵무기 개발 경쟁을 벌였다. 원자 폭탄을 가장 먼저 완성한 쪽은 미국이었다. 미국은 이것을 1945년 8월 6일에 처음으로 사용하여 일본의 항복을 받아 냈다. 소련은 그로부터 4년 뒤인 1949년 원자 폭탄 개발에 성공하였다. 미국과 소련은 냉전에서 유리한 위치에 서기 위하여 원자 폭탄보다 더욱 강력한 무기를 원하게 되었다. 그리하여 미국은 1952년에, 소련은 1953년에 각각 수소 폭탄을 개발하는 데 성공하였다. 그 뒤 영국, 프랑스, 중국 등도 핵무기 개발에 성공하였다.

그러나 이제는 누구라도 핵무기를 사용하면 온 지구가 멸망할지도 모른다는 우려가 생겨 강대국들도 세계 대전과 같은 전면전에 쉽게 나서지 못하게 되었다.

▲ 에드워드 텔러
미국의 과학자로, 수소 폭탄을 최초로 개발하였다.

* **냉전** : 직접적으로 무력을 사용하지 않고, 경제, 외교, 정보 등을 수단으로 하는 국제적 대립.
* **매카시즘** : 극단적이고 보수적인 반공산주의 경향.

3) 쿠바 미사일 위기

1960년대 초에 소련의 지시로 베를린 장벽이 건설되면서 두 진영 간의 냉전은 절정에 달하였다. 미소 관계는 급속도로 악화되어 금방이라도 핵전쟁이 일어날 위기에까지 치달았다.

▲베를린 장벽 건설

(1) 1961년 6월 4일

미국의 대통령 존 F. 케네디와 소련의 공산당 서기장 니키타 흐루쇼프는 오스트리아 빈에서 미소 정상 회담을 열고 베를린 문제를 논의하였으나, 결과는 오히려 두 나라의 관계를 더욱 악화시켰을 뿐이었다.

▲케네디(왼쪽)와 흐루쇼프(오른쪽)

(2) 1962년 10월 14일

소련이 쿠바에 핵미사일 기지를 건설하고 있다는 소식이 미국 백악관에 전해졌다. 이미 여러 시설물과 건설 장비가 들어서서 일주일 내에 작동 가능하다는 내용이었다.

(3) 1962년 10월 22일

쿠바는 미국 남부에서 불과 230km밖에 떨어져 있지 않은 곳이기 때문에 쿠바에 설치된 소련의 핵미사일 42기는 미국 본토를 겨냥한 것으로 보기에 충분하였다. 미국 정부는 소련이 당장 핵미사일과 기지를 철거하지 않으면 전면전에 나설 것이라고 발표하였다.

(4) 1962년 10월 26일

소련은 미국이 쿠바를 침공하지 않겠다고 약속하면 미사일을 철거하겠다고 전하였다. 그리고 두 나라는 쿠바의 소련 미사일 기지와 터키의 미국 미사일 기지를 동시에 철거하기로 합의하였다.

이로써 극적으로 위기를 넘긴 미국과 소련은 이듬해에 '부분적 핵실험 금지 조약'을 체결하였다.

▲핫라인
워싱턴과 모스크바를 연결하는 핫라인이 설치되었다.

▶ **핫라인** : 미국과 러시아 사이에 개설한 직통 전화. 예기치 않은 전쟁을 방지하기 위하여 1963년 8월에 개통하였음.

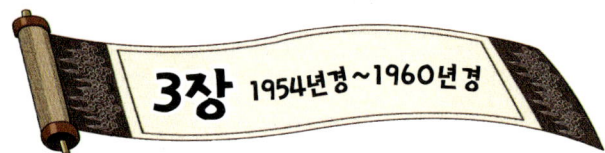

3장 1954년경~1960년경

4월 19일 시민들이 태극기를 든 이유는 무엇일까?

* **한가하다** : 겨를이 생겨 여유가 있다.
* **손님** : 상점에 물건을 사러 오는 사람.

* **카메라** : 사진을 찍는 기계.
* **대박** : 어떤 일이 크게 이루어짐을 비유적으로 이르는 말.

* **헌법** : 한 나라의 근본이 되는 법으로, 국민의 기본권을 보장하고 국가의 운영 원리를 지정함.
* **개정안** : 고쳐서 바로잡은 안건. 또는 바로잡을 안건.

*[84쪽] 부결 : 의논한 안건을 받아들이지 않기로 결정함. 반대말은 가결.
*간접 선거 : 일반 유권자가 중간 선거인을 뽑고, 그 중간 선거인이 대표자를 뽑는 제도.

*묘안 : 뛰어나게 좋은 생각.
*시행 : 어떤 일을 실제로 행함.

사사오입 개헌이란 무엇일까?

1952년에 발췌 개헌을 통하여 대통령 선거가 국민이 직접 투표하는 직선제로 바뀌며, 같은 해 실시된 대통령 선거에서 이승만의 *중임이 이루어졌다. 그러나 이승만은 이에 만족하지 않고 계속 중임하기 위하여 대통령과 부통령의 임기는 4년으로 하고, 재선으로 1차례 중임할 수 있는 3선 금지 조항을 고치도록 하였다. 표결 결과는 총인원 203명, 표결 참여 인원 202명, 찬성 135표, 반대 60표, 기권 7표였다. 당시 헌법 개정에 필요한 *의결 정족수는 총인원 203명의 3분의 2 이상, 즉 135.333…명 이상이었다. 이는 곧 136명이 찬성해야 개정안이 통과된다는 이야기였다. 그러나 자유당은 영점 이하의 숫자는 한 사람이라고 할 수 없으므로 사사오입하면 135명이고, 따라서 의결 정족수는 135명이라고 주장하였다.

* **중임**: 임기가 끝나거나 임기 중에 개편이 있을 때 거듭 그 자리를 맡김.
* **의결 정족수**: 의논하여 결정하는 데 필요한 구성원의 찬성표 수.

*[88쪽] 의거 : 어떤 사실이나 원리에 근거함.
*[88쪽] 야당 : 현재 정권을 잡고 있지 않은 정당.

* 협잡 : 옳지 않은 방법으로 남을 속임.
* [91쪽] 담화 : 한 단체나 공적인 자리에 있는 사람이 어떤 문제에 대한 자신의 의견을 밝히는 말.

* **국민 주권** : 국가의 의사를 결정하는 최고 권력인 주권이 국민에게 있다는 뜻으로, 정치 권력에는 국민의 지지와 동의가 필요함을 의미함.

***시위**: 많은 사람들이 무리 지어 공개적인 장소에서 자신들의 주장을 폄.
***[93쪽] 고작**: 기껏 따져 보거나 헤아려 보아야.

* 진학 : 학교를 마친 후 더 배우기 위하여 상급 학교에 감.
* 정부 : 국가의 통치 기능을 맡은 기구를 통틀어 이르는 말.

* 우려하다 : 근심하거나 걱정하다.
* 해산 : 모였던 사람이 흩어짐.

*[94쪽] 최루탄 : 눈물샘을 자극하여 눈물을 흘리게 하는 약이나 물질을 넣은 탄환.
*[94쪽] 가스 : 독성이 있어 생물에 큰 해가 되는 기체.

3·15 부정 선거 반대 시위로 시민들은 얼마나 큰 피해를 입었을까?

1960년 3월 15일, 마산의 민주당 간부들은 경찰의 *제지를 뚫고 투표소 안으로 들어가 자유당의 부정 선거 현장을 확인하였다. 이들은 곧 선거 포기를 선언하고는 시위를 준비하였다. 저녁 7시 30분 무렵에는 1,000여 명의 마산 시민들이 모였다. 민주당 간부와 시민, 학생으로 이루어진 시위대가 행진하자 수천 명이 시위대에 합류하였다. 경찰이 시위대를 연행하자 시위 군중은 더욱 늘어나 1만여 명이 넘었다. 경찰은 시위대에 최루탄과 총을 쏘았고, 경찰의 *발포는 시위대를 더욱 분노하게 하였다. 이날 경찰의 발포로 7명이 사망하고, 870여 명이 다쳤다.

1960년 4월 11일

* **제지** : 말려서 못 하게 함.
* **발포** : 총이나 대포를 쏨.

* **까까머리** : 빡빡 깎은 머리.
* **실종** : 간 곳이나 생사를 알 수 없게 사라짐.

*[99쪽] 필사적 : 죽을 각오를 하고 힘을 다함.
*[99쪽] 벗 : 비슷한 또래로 서로 친하게 사귀는 사람.

* 도화선 : 사건이 일어나게 된 직접적인 원인.
* 주검 : 죽은 사람의 몸.

*[100쪽] 사태 : 일이 되어 가는 형편이나 상황. 또는 벌어진 일의 상태.
*데모 : 주장을 하거나 뜻을 이루기 위하여 많은 사람이 집회나 행진을 하는 일.

* **괴한**: 거동이나 차림새가 수상한 사람.
* **사주하다**: 나쁜 일을 뒤에서 부추겨 하게 하다.

* **핍박하다** : 몹시 괴롭게 굴거나 쫓다.
* **독재** : 특정한 개인이나 집단 등이 모든 권력을 쥐고 일을 마음대로 처리함.

*공권력: 국가가 국민에게 명령하고 강제할 수 있는 권력.
*사상자: 죽은 사람과 다친 사람.

*[104쪽] 계엄령 : 국가에 비상 사태가 일어났을 때, 질서 유지를 위하여 일정한 지역을 군대가 맡아 다스리도록 대통령이 선포하는 명령.

* 잔혹 : 잔인하고 혹독함.
* 타도하다 : 어떤 대상이나 세력을 쳐서 거꾸러뜨리다.

4·19 혁명의 희생자 진영숙은 어떤 편지를 남겼을까?

한성 여자 중학교 2학년 진영숙은 시위 버스를 타고 *구호를 외치다가 파출소에서 날아온 총알에 맞아 숨졌다. 진영숙은 '피의 화요일'에 유일하게 유서를 남겼다.

> 어머님, 저는 아직 철없는 줄 압니다. 그러나 국가와 민족을 위하는 길이 어떻다는 것은 알고 있습니다. (……) 저는 생명을 바쳐 싸우려고 합니다. 데모하다 죽어도 원이 없습니다. 어머님, 저를 사랑하시는 마음으로 무척 *비통하게 생각하시겠지마는 온 겨레의 앞날과 민족의 해방을 위하여 기뻐해 주세요. (……) 부디 몸 건강히 계세요.
>
> - 진영숙의 유서

*구호 : 집회나 시위 등에서 어떤 요구나 주장을 나타내는 짧은 말.
*비통하다 : 몹시 아프고 슬프다.

107

* 성명: 어떤 일에 대한 자기의 입장이나 의견 등을 공개적으로 발표함.
* 망명: 정치나 사상 등의 이유로 다른 나라로 몸을 피함.

*민주주의 : 국민이 권력을 가지고 그 권력을 스스로 사용하는 제도.
*[111쪽] 횡포 : 자신의 세력을 믿고 난폭하게 굶.

*주권 : 국가의 의사를 최종적으로 결정하는 권력.
*원칙 : 많은 경우에 두루 적용되는 기본적인 규칙.

한국사 핵심 노트

전후 복구와 경제 정책을 알아보자.

● 6·25 전쟁 이후 남한의 경제와 사회

1) 재정 적자와 물가 폭등

전쟁으로 인한 피해는 엄청났는데, 그중 제조업은 절반에 가까운 생산 시설이 파괴되어 특히 타격이 컸다. 그 결과 생필품이 턱없이 부족하였고, 화폐 가치가 급격하게 떨어지며 물가마저 올라 국민들은 경제적 곤란을 겪었다.

그동안 전쟁 비용 지출이 큰 부담이었던 데다, 전쟁이 끝난 후에도 북한을 경계하기 위하여 군사비를 늘려야 했던 정부는 늘 돈이 부족한 상태였다.

▲6·25 전쟁 이후 폐허가 된 도시

2) 원조 경제

미국으로부터 막대한 양의 원조 물자가 들어와 전쟁으로 파괴된 경제를 복구하고, 재정 적자를 메우는 데 커다란 역할을 하였다. 군사 원조를 제외한 경제 원조는 주로 식료품, 의복, 의료품과 같은 생활필수품과 소비재 산업의 원료에 집중되었다. 이때 들어온 대표적인 원료가 밀가루, 목화, 설탕이었으므로 자연스럽게 제분업, 방직업, 제당업이 발전하였다. 이들 원료의 색깔이 하얗다고 해서 이 세 가지 산업을 가리켜 '삼백 산업'이라고 하였다.

3) 농산물 수입

대한민국 정부는 미국에서 원조받은 농산물을 민간에 판매하는 방법으로도 재정 적자를 보충하였다. 또 1955년 5월부터는 미국에서 과잉 생산된 농산물을 수입하기 시작하였다. 이 때문에 국내의 농산물 가격이 하락하여 농가 소득이 낮아졌다. 특히 원조 물자인 면화와 밀을 생산하던 농민들이 큰 타격을 받았다.

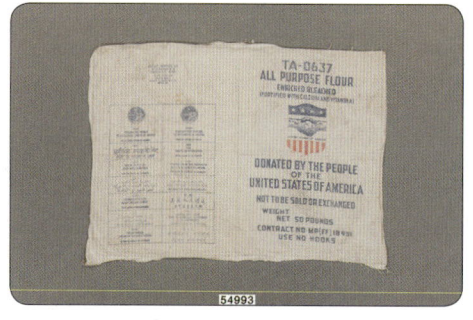
▲1950년대 원조 받은 밀가루를 담은 포대

* **적자** : 지출이 수입보다 많아서 생기는 손실 금액.
* **소비재** : 사람의 욕망을 직접적으로 충족하기 위하여 소비되는 물건. 식료품, 의류 등.

4) 인구의 도시 집중

농민들은 살아갈 방법을 찾아서 도시로 이동할 수밖에 없었다. 도시에 모여든 사람들은 대부분 하루하루 품을 팔아 생계를 이어 갔으며, 가파른 산비탈에 무허가 판잣집을 짓고 살았다. 강변에도 무허가 천막집이 들어섰다. 대부분 상하수도 시설이 되어 있지 않은 지역이라 공동 수도와 공동 변소를 설치해 여러 집이 함께 사용하였다. 전기가 들어오지 않아 촛불을 밝히고 살았는데, 허술하게 지은 집이다 보니 화재가 발생하면 대형*참사로 이어지곤 하였다.

▲ 청계천 판자촌

5) 전후 경제 성장의 한계

1957년에 이르러서는 주요 산업 시설과 공장이 대부분 복구되었으며, 국민 총생산과 국민 총소득도 늘어났다. 그러나 이것은 원조 물자를 바탕으로 한 결과였다. 또 몇몇 기업에 원조 물자와 자금 지원 등을 집중적으로 분배하여 독점적 대기업이 성장할 발판을 마련해 주기도 하였다.

1958년경부터는 미국의 경제 상황이 나빠지면서 무상으로 제공하는 원조가 줄고, 자금을 빌려주는 형식의 차관으로 바뀌었다. 이에 따라 원조에 크게 의존하고 있던 대한민국 경제도 함께 휘청이며 많은 기업이*도산하고 실업률이 상승하였다.

* 참사 : 비참하고 끔찍한 일.
* 도산 : 재산을 모두 잃고 망함.

세계사 핵심 노트

1950년대 이후 중국의 경제 변화를 알아보자.

⬠ 중국의 산업화와 문화 대혁명

중국은 1950년대에 들어서 본격적으로 사회주의 경제 체제를 갖추었다. 토지 개혁을 통해 지주의 토지를 농민들에게 분배하였고, 주요 기업을*국영화하였다. 그리고 공업화를 추진하기 위해 경제 개발 계획을 세워 실시하였다.

1) 대약진 운동

중국은 1953년부터 경제 발전 제1차 5개년 계획을 실시하여 농업 중심에서 공업 중심으로 바꾸고 사회주의 경제의 기틀을 마련하려 하였다. 이것이 예상보다 빠르게 진행되자 중국 정부는 노동력을 더욱 집중시켜 보다 빠른 시간 안에 공업 발전을 이루려는 목적으로 1958년부터 대약진 운동을 전개하였다. 그러나 대약진 운동은 소련의 원조 중단과 잦은 자연재해로 실패로 끝나고 말았다.

이제 더 태울 것도 없어.

▲대약진 운동 당시 농촌 지역에 설치된 용광로

① 철강 생산

정부의 지시에 따라 철강 생산량을 늘리기 위해 전국에 용광로가 설치되었다. 석탄부터 나무 궤짝까지 태울 수 있는 것은 모두 연료로 사용되었고, 집집마다 냄비, 숟가락 등 철로 된 물건을 내놓아 용광로에 넣어 녹였다. 그러나 기술력이 부족한 탓에 제대로 된 철강을 만들어 내지는 못하였다. 이런 상황에서도 마을 간에 철강 생산량 경쟁이 벌어져 농촌 경제가 무너지고 말았다.

② 집단 생활

농촌 지역의 가정을 4,000~5,000호씩 묶어 '인민 공사'라는 단위로 묶었다. 농가의 99%가 인민 공사에 포함되었고, 모든 생산과 경제 활동은 자신이 속한 인민 공사 안에서 자급자족으로 이루어졌다. 공동 식당에서 함께 식사를 하였고, 아이들은 유아원에서, 노인들은 양로원에서 생활하였다. 가족을 해체한 이러한 조치는 많은 국민들의 불만과 저항을 불러왔다.

엄마가 해 준 집밥이 먹고 싶어.

▲대약진 운동 당시 인민 공사의 공동 식당

* **국영화** : 나라에서 경영하는 상태가 됨.

2) 문화 대혁명과 홍위병

① 중국의 경제 위기

대약진 운동의 실패로 농촌의 경제가 붕괴되자 농촌 인구가 도시로 몰리면서 도시에서는 물자 부족 현상이, 농촌에서는 생산력 감소 현상이 일어났다. 중국 경제는 순식간에 곤두박질쳤고, 1959년부터 1962년까지 대기근을 겪으며 수천만 명이 굶어 죽는 등 심각한 경제 위기가 찾아왔다.

② 문화 대혁명

마오쩌둥은 실패를 인정하고 국가*주석 자리에서 물러날 수밖에 없었다. 그는 정치적 영향력을 되찾기 위하여 공산주의 사회를 완성하기 위해서는 문화 대혁명을 일으켜야 한다고 주장하였다. 이는 중국에 남은 전근대적인 문화와 자본주의 요소를 없애고, 오로지 공산주의에 적합한 새로운 문화를 만들어야 한다는 내용이었다.

▲마오쩌둥과 홍위병

③ 홍위병

수많은 청년들이 ▶홍위병이 되어 마오쩌둥의 사상을 찬양하고 기존의 낡은 문화를 없앨 것을 주장하며 시위에 나섰다. 이들은 수도 베이징에 모여 대규모 집회를 열고 세력을 과시하였다. 이 과정에서 유교 사당과 불교 사찰 등 전통 문화를 대표하는 유적과 유물들이 파괴되었고, 수십만 명의 지식인과 예술인이 공산주의에 반대하는 자로 몰려 처형되는 등 극심한 사회 혼란이 벌어졌다. 문화 대혁명은 1966년부터 마오쩌둥이 사망하는 1976년까지 계속되었다.

▲사원을 공격하는 홍위병

---

* **주석** : 국가나 정당 등의 최고 직위.
▶ **홍위병** : 군사 조직처럼 구성된 학생 집단으로 문화 대혁명 당시 마오쩌둥을 지지하였음.

*방역차 : 전염병이 발생하거나 유행하는 것을 미리 막기 위하여 소독약을 내뿜고 다니는 차.
*공중위생 : 사회에서 발생할 수 있는 공동 질병을 예방하고 건강을 유지하기 위한 위생.

*병정놀이: 병정들이 하는 것처럼 군사 훈련이나 전투 등을 흉내 내는 놀이.
*[119쪽] 과도 정부: 다른 정치 체제로 넘어가는 과정에서 임시로 구성된 정부.

제1공화국과 제2공화국은 어떤 점이 다를까?

공화국은 주권이 국민에게 있는 국가 형태를 말한다. 제1공화국은 ▶제헌 국회를 소집한 뒤 이승만을 대통령으로 선출한 1948년 8월 15일부터 1960년 4·19 혁명으로 이승만 정권이 무너지기 전까지를 말한다. 이승만이 하야한 뒤, 대통령 윤보선과 국무총리 장면이 선출되며 제2공화국이 출범하였다. 제2공화국은 내각 책임제를 실시하였는데 내각 책임제란 대통령을 *국가 원수로 하고, 정치적 실권은 국무총리에게 집중시키는 제도를 말한다. 이는 대통령을 중심으로 국정이 운영되는 대통령제였던 제1공화국과 뚜렷하게 구별되는 점이다. 국무총리 장면 중심의 신파와 대통령 윤보선 중심의 구파는 대립하였고, 이 때문에 국가의 중요한 업무 처리가 늦어지기도 하였다. 결국 5·16 군사 정변이 일어나 제3공화국이 성립되면서 제2공화국은 막을 내렸다.

▶ **제헌 국회** : 우리나라의 초대 국회를 이르는 말. 여기에서 헌법을 제정하였음.
* **국가 원수** : 한 나라에서 으뜸가는 권력을 지니면서 나라를 다스리는 사람.

*야심 : 무엇을 이루고자 마음속에 품고 있는 욕망.
*반공 : 공산주의에 반대하는 것.

*[120쪽] 명분 : 일을 하기 위하여 겉으로 제시하는 이유나 구실.
*군정 : 군대를 중심으로 한 세력이 국가의 실권을 잡고 행하는 정치.

* 원조 : 물품이나 돈 등으로 도와줌.
* [123쪽] 비준 : 대통령 등이 조약을 최종적으로 확인하고 동의하는 절차.

톡톡! 역사
한일 회담은 어떻게 마무리되었을까?

한일 회담은 1951년부터 1965년 6월 22일 한일 협정을 맺기까지 14년간 예비 회담을 포함하여 총 7차례에 걸쳐 있었던 대한민국과 일본 간의 외교*교섭을 말한다. 제5차 한일 회담까지는 양국의 상반된 입장 차이로 결렬되기 일쑤였다. 그러나 5·16 군사 정변으로 정권을 잡은 박정희 정부는 한일 회담을 *타결하는 데 힘을 쏟았고, 1961년 10월에 열린 제6차 한일 회담은 급속히 진전될 수 있었다. 이 같은 소식이 전해지자 국내에서는 한일 회담 반대 운동이 거세게 일어났으나 결국 한일 협정은 타결되었다.

* **교섭** : 어떤 일을 이루기 위하여 서로 의논하고 조절하는 것.
* **타결하다** : 서로 알맞게 조정하여 끝맺다.

*배상 : 남의 권리를 침해한 사람이 그 손해를 물어 주는 일.
*애매하다 : 희미하여 분명하지 않다.

*어업: 이익을 얻을 목적으로 물고기나 조개 등을 잡거나 기르는 산업.
*협정: 외국의 정부와 맺는 조약.

*참전: 전쟁에 참가함.
*파병: 군대를 다른 나라로 내보냄.

* 주춧돌 : 어떤 일의 근본이 되는 중요한 것을 비유적으로 이르는 말.
* 군수 : 군사상 필요한 것.

톡톡! 역사

베트남 특수란 무엇일까?

우리나라는 1964년부터 1973년까지 약 9년에 걸쳐 35만여 명의 군인을 베트남에 파병하였다. 같은 기간 5만여 명의 민간 기술자도 베트남으로 떠났다. 이에 따라 베트남 특수라는 새로운 수익이 생겨났다. **군수 용품을 팔아 얻는 이익과 파병된 군인, 파견된 기술자가 보내온 돈 등으로 얻은 수익은 1966년부터 1970년 사이 약 6억 2천만 달러에 이르렀다.** 1965년 당시의 수출 총액이 1억 7천 5백만 달러 정도라는 것을 생각하면 이는 아주 큰 액수로, 베트남 특수는 1960년대 초부터 1970년대 초까지 외화 획득의 밑거름이 된 셈이다.

그런데 전쟁으로 경제적 이익은 얻었지만 후유증도 컸어.

후유증?

베트남은 밀림이 우거져서 풀들을 없애야 숨은 적을 찾기 쉬웠어. 그래서 미군은 *고엽제를 사용하였지.

베트남 전쟁에 파병된 군인 중 5,000여 명이 사망하였고, 살아 돌아왔더라도 고엽제 부작용에 시달리는 피해자가 생겼어.

경제 개발의 바탕에는 국군 장병 오빠들의 희생이 있었구나.

먼 외국에서 얼마나 고생이 많았을까?

*고엽제 : 식물의 잎을 말려서 강제로 떨어뜨리는 약품을 통틀어 이르는 말. 특히 베트남 전쟁 때 미국이 밀림에 뿌린 제초제를 가리킴.

* **서당 개 3년이면 풍월을 읊는다** : 어떤 분야에 대하여 지식과 경험이 전혀 없는 사람이라도 그 부문에 오래 있으면 어느 정도의 지식과 경험을 갖게 된다는 것을 비유적으로 이르는 말.

* 외화벌이 : 외국의 돈을 벌어들이는 일.
* [131쪽] 지열 : 땅 표면에서 나는 열.

* 왜소하다 : 몸이 작고 초라하다.
* 파견 : 일정한 임무를 주어 사람을 보냄.

1962년부터 울산과 서울을 중심으로 대규모 공업 단지가 조성되어 옷, 신발, 가발 등 *경공업 제품을 생산하기 시작하였어.

톡톡! 역사 — 경제 개발 5개년 계획이란 무엇일까?

단계	목적
제1차 (1962~1966년)	농업 생산력 증대, 기간산업 확충, 수출 증대 등
제2차 (1967~1971년)	공업 고도화, 국민 소득 증대 등
제3차 (1972~1976년)	*중화학 공업화 등
제4차 (1977~1981년)	자력 성장 구조 확립, 기술 혁신, 능률 향상 등
제5차 (1982~1986년)	국민 생활의 안정, 균형 발전 등

1962년부터 1986년까지 5년 단위로 5차례에 걸쳐 경제 개발 계획이 추진되며 '한강의 기적'이라는 신조어가 만들어질 정도로 대한민국의 경제는 급속도로 성장하였다. 하지만 외국에 대한 경제적 의존도가 커지고 부자와 가난한 자의 빈부 격차가 커지는 등 심각한 부작용이 발생하기도 하였다.

제3차와 제4차 경제 개발 계획 때에는 중화학 공업을 적극적으로 육성하였어. 철강, 화학, *조선 등 세계에 자랑할 만한 큰 기업들이 이때 생겨났지.

132　*경공업 : 부피에 비하여 무게가 가벼운 물건을 만드는 공업.
　　*중화학 공업 : 부피에 비하여 무게가 무거운 물건을 만드는 중공업과 화학 공업을 통틀어 말함.

*[132쪽] 조선 : 배를 설계하고 만듦.
*역군 : 일정한 부문에서 중요한 역할을 하는 일꾼.

*귀신이 곡할 노릇 : 신기하고 기묘하여 그 속내를 알 수 없음을 비유적으로 이르는 말.
*기운 : 생물의 살아 움직이는 힘.

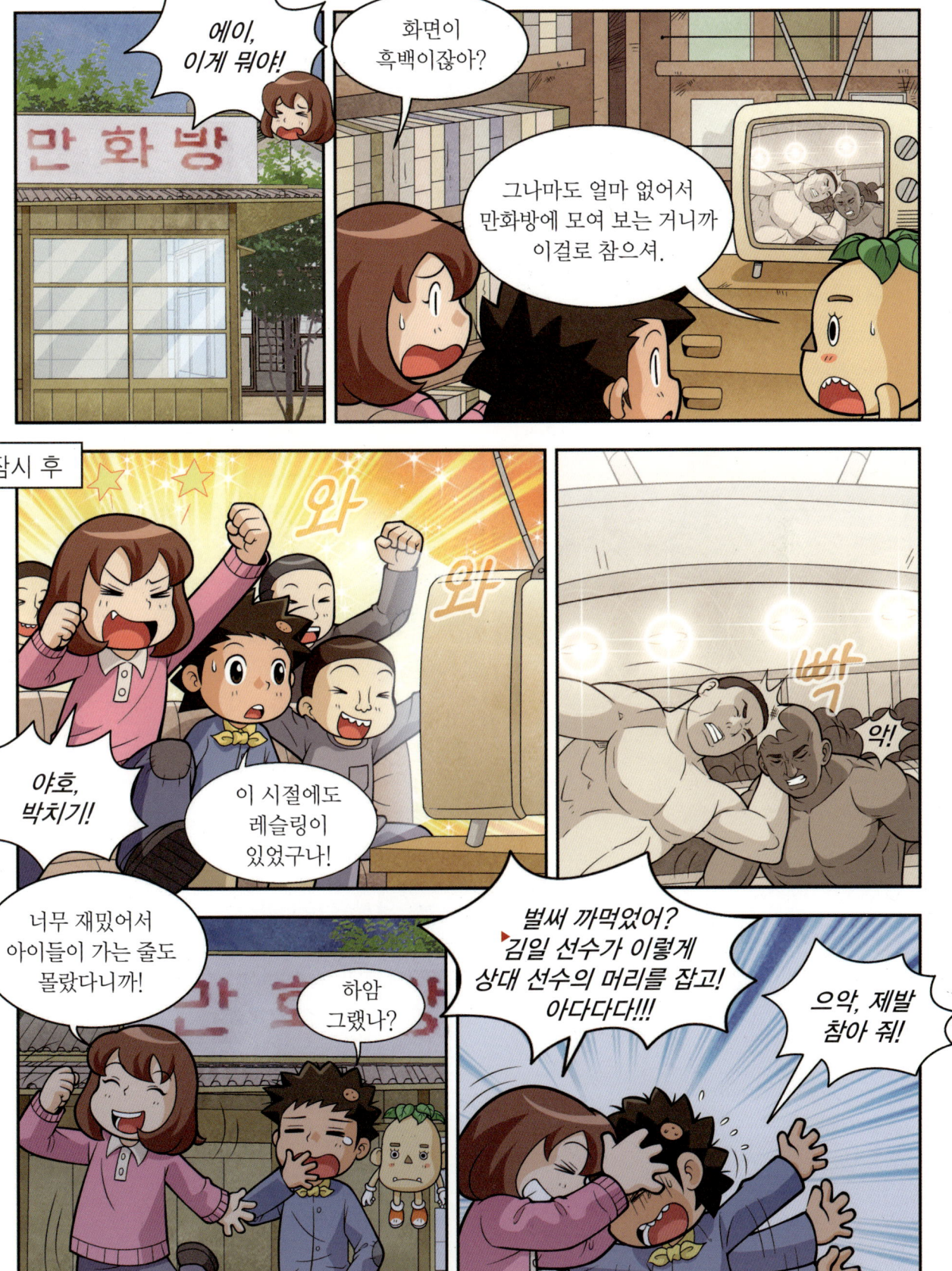

▶ 김일(1929~2006년) : 대한민국의 프로 레슬링 선수. 1960년대부터 1970년대 중반까지 한일 양국에서 박치기왕으로 최고의 인기를 누렸다.

*통금 : 특정 시간 동안 일반인이 거리를 지나다니거나 집 밖에서 활동하는 것을 막던 일.
*사이렌 : 공기의 진동으로 소리를 내는 장치. 신호나 경보 등에 씀.

*금지곡 : 정치적이나 사회적인 이유로 정부에서 부르지 못하게 한 노래.
*죄 : 잘못이나 허물로 인하여 벌을 받을 만한 일.

다음 날

톡톡! 역사 — 유신 헌법이란 무엇일까?

유신은 낡은 제도를 고쳐 새롭게 한다는 뜻이다. 1970년대 초반 정권을 유지하기 어렵다고 판단한 박정희는 비상계엄을 선포하고 대통령에게 절대적인 권한을 부여하는 유신 헌법을 만들었다. 이에 따라 대통령은 법관을 임명하고, 국회 의원의 3분의 1을 추천하며, 국회를 해산할 수 있게 되었다. 또 대통령의 명령만으로 국민의 기본적 권리를 제한할 수 있는 긴급 조치권도 갖게 되었다. 유신 헌법은 대통령 선거를 간접 선거로 치르도록 하였고,*연임 제한마저 없었다. 사실상 박정희가 평생 집권할 수 있는 기틀을 마련한 것이다. 그러나 민심은 박정희 정권을 떠났고 전국 각지에서는 유신 반대 운동이 벌어졌다.

*바리캉 : 머리를 깎는 기구. 이발 기계를 만드는 프랑스 회사 이름에서 유래한 말임.
*공포 : 이미 확정된 법률 등을 국민에게 널리 알림.

*[138쪽] 연임 : 임기를 마친 후에 다시 그 직무를 맡음.
*경상 수지 : 국제 거래에서 얻는 수입과 지출. 흑자면 수입이 더 많은 상태임.

한국사 핵심 노트

1950~1970년대의 정부 변화를 알아보자.

🟢 이승만 정부에서 장면 정부까지 ✏️

이승만 정부 (1948~1960년)

▲ 사사오입 개헌 (1954. 11.)

당시 헌법은 대통령이 세 번 연달아 대통령직을 맡지 못하도록 되어 있었다. 이승만은 1대 대통령만큼은 횟수 제한 없이 대통령을 계속할 수 있도록 하는 헌법 개정안을 내놓았다. 그리고 사사오입의 논리를 내세워 통과시켰다.

▲ 3·15 부정 선거 (1960. 3.)

자유당은 이승만을 4대 대통령으로, 이기붕을 5대 부통령으로 당선시키기 위해 부정 선거를 저질렀다. 투표 시작 전에 자유당을 찍은 표를 투표함에 미리 넣고, 투표소에서는 3인 또는 5인씩 짝을 이루어 공개 투표를 하도록 하였다.

이승만 정부 (1948~1960년) / 장면 정부 (1960~1961년)

▲ 4·19 혁명 (1960. 4.)

3·15 부정 선거 당일 오후에 마산에서 부정 선거에 항의하며 선거 무효를 주장하는 시위가 벌어졌다. 경찰이 이를 진압하는 과정에서 한 고등학생이 최루탄에 맞아 사망하였고, 분노한 국민들이 전국에서 들고 일어나 이승만의 퇴진을 요구하였다.

▲ 장면*내각 출범 (1960. 6.)

이승만이 물러난 뒤, 민주당의 윤보선 대통령과 장면 국무총리가 이끄는 새로운 내각이 들어섰다. 4·19 혁명을 이룬 국민들은 우리 사회에 폭넓은 민주주의가 이루어지기를 기대하였으나, 장면 정부는 5·16 군사 정변으로 무너지고 말았다.

*내각: 국가의 행정을 담당하는 합의 기관. 내각 책임제 국가에서는 최고 정책 결정 기관임.

박정희 정부

박정희 정부 (1961~1979년)

▲5·16 군사 정변 (1961. 5.)

▲한일 국교 정상화 (1965. 6.)

군사 정부는 반공을 최우선 국가 이념으로 삼고,*계엄을 선포하였다. 이들은 국가 재건 최고 회의를 만들어 군정을 실시하였다. 그 뒤 대통령이 된 박정희는 야당 정치인들의 반대를 무릅쓰고 대통령의 3선이 가능하도록 헌법을 개정하였다.

박정희 정부는 한일 협정을 체결하고 일본과 국교를 정상화하였다. 또 일본으로부터 5억 달러의 경제 협력 자금을 제공받기로 합의하였다. 그러나 일제의 침략 등에 대한 사과와 배상을 제대로 받지 못해 굴욕 외교라며 반대하는 목소리도 높았다.

박정희 정부 (1961~1979년)

▲유신 헌법 제정 (1972. 10.)

▲부·마 민주화 운동 (1979. 10.)

박정희 정부는 비상계엄을 선포하여 국회를 해산함과 동시에 모든 정치 활동을 금지하였다. 그리고 대통령이 입법·사법·행정의 권한을 가지며, 영구 집권을 가능하도록 한 유신 헌법을 통과시켰다. 이에 전국적으로 유신 반대 민주화 운동이 일어났다.

부산과 마산의 대학생들이 독재 반대와 민주주의 회복을 내걸고 시위를 벌였다. 정부는 군대를 동원하여 이를 진압하였는데, 이 사건을 둘러싸고 정권 내부에서 대립이 발생하여 대통령이 피살되면서 박정희 정부도 막을 내렸다.

*계엄: 사회 질서를 유지하기 위해 일정한 지역을 군대가 맡아 다스리는 일.

세계사 핵심 노트

베트남 전쟁에 대하여 알아보자.

⬠ 베트남 전쟁

1) 제1차 인도차이나 전쟁

제1차 세계 대전 이후 베트남 국민들은 프랑스의 식민 지배에서 벗어나기 위하여 치열한 독립운동을 펼쳤다. 특히 호찌민이 중심이 된 베트남 공산당이 독립운동에 가장 적극적으로 앞장섰다. 그러나 제2차 세계 대전 중 베트남의 지배권은 프랑스에서 일본으로 넘어갔다. 베트남은 결국 1945년 일본이*패망하고 나서야 독립할 수 있었다. 베트남 독립운동 세력들은 호찌민을 주석으로 하는 베트남 민주 공화국을 수립하고 독립을 선언하였다. 그러나 프랑스는 이를 인정하지 않고 다시 베트남을 식민지로 삼으려 했고, 그 결과 1946년부터 제1차 인도차이나 전쟁이 시작되었다.

▲ 호찌민

2) 민족 해방 전선의 결성

전쟁은 8년 뒤인 1954년에야 베트남의 승리로 끝났다. 그해 7월 스위스 제네바에서 휴전 회담이 열렸고, 아시아에 공산주의 정권이 들어서는 것을 꺼렸던 미국이 개입하면서 베트남은 북위 17도선을 경계로 남과 북으로 분단되었다. 결국 베트남 북쪽에는 호찌민이 이끄는 베트남 민주 공화국이, 남쪽에는 미국의 지원을 받는 베트남 공화국이 세워졌다.

그러나 미국을 등에 업고 남베트남을 이끌던 응오 딘 지엠 정권은 부정부패와 억압적 통치로 민심을 잃어 겨우 정권을 유지하는 지경에 이르렀다. 결국 정권에 반대하는 사람들이 1960년 12월 20일 남베트남 민족 해방 전선을 결성하여 저항을 시작하였고, 북베트남은 이들을 적극 지원하였다.

◀ 베트콩
남베트남 민족 해방 전선은 대개 '베트콩'으로 불렸다. 이들은 남베트남 정권의 경찰 정치와 미군에 맞서 치열한 전투를 벌였다.

*패망 : 싸움에 져서 망함.

3) 베트남 전쟁

1964년에 미국 정부는 미국 전함 두 척이 북베트남의 공격을 받았다고 발표하였다(통킹 만 사건). 이 사건을 계기로 미국은 베트남 전쟁에 본격적으로 개입하였다. 그러나 훗날 이 사건은 베트남 전쟁에 개입하기 위하여 미국이 저지른*자작극임이 밝혀졌다.

세계 최강대국이었던 미국은 전투 부대와 엄청난 규모의 물자를 쏟아 부어 전쟁을 치렀다. 그러나 베트남 국민들의 지지를 받는 베트콩은 우거진 밀림을 활용하여*게릴라 작전을 펼치며 미군에 맞섰다. 이러한 전쟁에서 국군은 미국의 동맹국으로서 남베트남에 파견되었다.

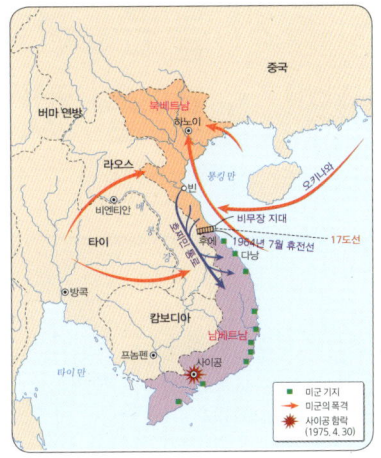
▲ 통킹 만 사건

4) 전쟁 반대 운동

베트콩이 밀림과 농촌에서 게릴라 작전을 벌여 미군에 큰 타격을 입힌 반면, 미군은 밀림에서 밀리지 않으려고 고엽제까지 동원하였지만 큰 성과를 거두지 못했다. 전쟁이 길어지자 미국 내에서 미군의 철수를 요구하는 반전 운동이 확산되었다. 결국 미국 정부는 1973년 1월 베트남 평화 협정을 체결하고, 베트남 전쟁 개입 종결을 선언하며 미군을 철수하였다. 이후 베트남에서는 1975년 북베트남 군대가 남베트남의 수도인 사이공을 점령하고, 이듬해에 남북의 베트남이 통합하여 베트남 사회주의 공화국을 수립하였다.

◀ 베트남에 파병된 대한민국 군인들
베트남 전쟁은 2차 인도차이나 전쟁, 또는 월남전이라고도 불린다.

궁금해요! 고엽제란 무엇인가요?

미군보다 전력이 약한 베트콩은 자신들에게 익숙한 밀림 안에서 작전을 펼쳤어. 그러자 미군은 베트콩들이 몸을 숨길 곳을 없애고 식량 보급을 막기 위하여 밀림에 불을 지르거나 고엽제를 뿌렸어. 고엽제는 식물의 잎을 말려 죽이는 약품으로, 너무 독한 화학 물질이라서 사람의 몸에도 큰 피해를 줘. 베트남 전쟁에 파병되었던 군인 가운데 고엽제 때문에 건강을 잃은 이들의 호소가 지금도 이어지고 있어.

* 자작극 : 남을 속이기 위하여 자신이 직접 나서서 거짓으로 꾸민 사건.
* 게릴라 : 일정한 진지 없이 불규칙적으로 벌이는 유격전.

5장 1969년경~1970년경

*노동자들은 권리를 찾기 위해 어떤 노력을 했을까?

144　*노동자 : 일을 하여 받은 돈으로 생활을 유지하는 사람.
　　*별의별 : 보통과 다른 갖가지의.

*맹하다 : 싱겁고 흐리멍덩하여 멍청한 듯하다.
*실밥 : 꿰맨 실이 밖으로 드러난 부분.

* 해치우다 : 어떤 일을 빠르고 시원스럽게 끝내다.
* 단련 : 몸과 마음을 굳세게 함.

* **자재** : 무엇을 만들기 위한 기본이 되는 자료.
* **옷감** : 옷을 만드는 데 쓰는 천.

톡톡! 역사

평화 시장의 봉제 노동자들은 어떤 환경에서 일을 했을까?

1962년에 '평화 시장'이라는 간판을 단 3층짜리 건물이 세워졌다. 주력으로 생산하는 품목은 의류로 2층과 3층에는 봉제 공장이, 1층에는 봉제 공장에서 만든 옷을 내다 파는 매장이 있었다. 평화 시장이 *호황을 누리자 주변에 통일 상가와 동화 상가가 세워졌고, 이곳 세 시장은 1970년대 전국 기성복의 70% 정도를 생산할 정도로 번성하였다. 하지만 이 같은 성공에는 수많은 노동자들의 희생이 있었다. 평균 연령 15세의 보조사들은 당시 짜장면 세 그릇 정도 가격인 50원을 받고 하루에 14시간 이상의 고된 노동을 하였다.

* 이면 : 겉으로 나타나거나 눈에 보이지 않는 부분.
* 열악하다 : 능력이나 시설 등이 매우 떨어지고 나쁘다.

148

* [148쪽] 호황 : 생산과 판매 등의 경제 활동이 활발한 상태.
* 골병 : 겉으로 드러나지 않고 속으로 깊이 든 병.

* 한나절 : 하루 낮의 반 동안.
* [151쪽] 열 : 몹시 흥분한 상태.

*퇴근 : 일터에서 근무를 마치고 돌아가거나 돌아옴.
*복잡하다 : 갈피를 잡기 어려울 만큼 여러 가지가 뒤섞여 얽혀 있다.

151

* **누구누구** : 어느 한 사람을 꼭 집어 말하지 않고 여러 사람을 두루 가리키는 말.
* **야근** : 퇴근 시간이 지나 밤늦게까지 하는 근무.

* 또래 : 나이나 수준이 서로 비슷한 무리.
* 성함 : 이름의 높임말.

*통 : 어떤 일이 벌어진 환경.
*증조할머니 : 아버지의 할머니를 이르는 말.

*[154쪽] 목숨 : 사람이나 동물이 숨을 쉬며 살아 있는 힘.
*[154쪽] 보장 : 어떤 일이 어려움 없이 이루어지도록 조건을 마련하여 보호함.

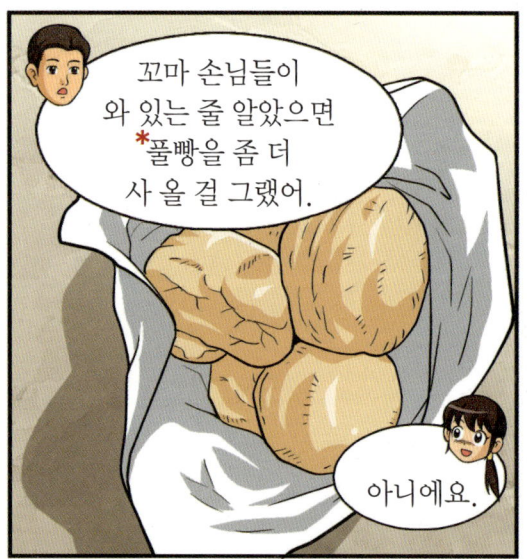

* 굶다 : 양에 아주 모자라게 먹거나 굶다.
* 풀빵 : 모양이 새겨진 우묵한 팬 틀에 묽은 밀가루 반죽과 팥소 등을 넣어 구운 빵.

*[156쪽] 마무리하다 : 일을 끝맺다.
*소녀 : 아직 완전히 성숙하지 않은 어린 여자아이.

***재단사** : 옷감을 치수에 맞춰 자르는 사람. 일반적으로 봉제 공장의 책임자 역할을 함.
***여공** : 공장에서 일하는 여자.

*[158쪽] 폐병 : 폐결핵을 일상적으로 이르는 말.
*근로 기준법 : 헌법에 따라 근로 조건의 기준을 정하여 놓은 법률.

* **명기** : 분명히 밝히어 적음.
* **해고** : 고용주가 고용 계약을 해제하고 피고용인을 내보냄.

*[160쪽] 반하다 : 어떤 사람이나 사물 등에 마음이 홀린 것 같이 쏠리다.
*무진장 : 다함이 없이 굉장히 많음.

*대우 : 지위나 월급 등의 근로 조건.
*권리 : 어떤 일에 대하여 당연히 주장하고 요구할 수 있는 자격.

* **힌트** : hint. 어떤 일을 해결할 때에 실마리가 되는 것.
* **민주주의** : 국민이 권력을 가지고 스스로 권리를 행사하는 정치 형태.

* **설문지** : 어떤 사실을 파악하고 이용하기 위하여 질문 형식으로 작성한 종이.
* **실태** : 있는 그대로의 상태.

* 일자리 : 생계를 꾸려 나갈 수 있는 수단으로서의 직업.
* 집계 : 이미 된 계산들을 한데 모아서 다시 계산함.

*귀먹다 : 남의 말을 이해하지 못하다.
*[167쪽] 소득 : 어떤 일의 결과로 얻은 이익.

* **근로 감독관** : 사업체가 근로 기준법에 명시된 내용을 올바로 실시하는지 감독하는 공무원.
* **고단하다** : 지쳐서 피곤하다.

*명칭: 사람이나 사물을 부르는 이름.
*친목회: 친밀한 관계를 맺기 위한 목적으로 이루어진 모임.

*[168쪽] 노동 운동 : 노동자가 자신들의 사회적·경제적 지위 향상과 노동 조건을 개선하기 위하여 벌이는 조직적인 활동.

*[171쪽] 골방 : 뒤쪽에 딸린 작은 방.
*[171쪽] 고충 : 괴로운 심정이나 사정.

*임금 : 노동자가 노동의 대가로 받는 돈.
*인상 : 물건값이나 월급 등을 올림.

*실력 행사 : 어떤 일을 이루기 위하여 실제로 힘을 사용함.
*동지 : 목적이나 뜻이 서로 같은 사람.

* **보장하다** : 어떤 일이 어려움 없이 이루어지도록 조건을 마련하여 보호하다.
* **경비원** : 건물이나 시설 등을 살피고 지키는 일을 맡아서 하는 사람.

174 *스파이 : 한 국가나 단체의 비밀이나 상황을 몰아 알아내어 경쟁 또는 대립 관계에 있는 국가나 단체에 제공하는 사람.

*총력 : 전체의 모든 힘.
*침침하다 : 눈이 어두워 물건이 똑똑히 보이지 않고 흐릿하다.

176

*빨갱이 : '공산주의자'를 낮잡아 이르는 말.
*해산 : 모였던 사람들이 따로따로 흩어짐.

* 부당하다 : 이치에 맞지 않다.
* 등불 : 앞날에 희망을 주는 존재를 비유적으로 이르는 말.

* **결말** : 어떤 일이 마무리되는 끝.
* **추구하다** : 목적을 이룰 때까지 뒤쫓아 구하다.

* 기본권 : 인간이 태어날 때부터 가지고 있는 기본적인 권리.
* 완수하다 : 목적한 바대로 완전히 달성하다.

20권에 계속됩니다.

한국사 핵심 노트

1970년대 경제 성장 정책의 성과와 부작용을 알아보자.

🟢 경제 성장의 빛과 그늘

1) 경제 개발 계획

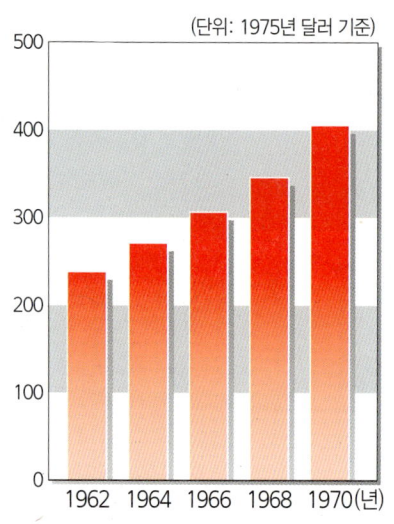

▲ 1인당 국민 총생산

▲ 수출 100억 달러 돌파 기념탑

　박정희 정부가 경제 개발 5개년 계획 제1차(1962년~1966년)와 제2차(1967년~1971년)를 추진하는 동안 대한민국 경제는 '한강의 기적'을 이루어 냈다는 평가를 들을 정도로 빠르게 발전하였다. 제3차(1972년~1976년)부터는 석유 화학·조선·철강·전자·자동차 등의 분야를 육성하여 경공업에서 중화학 공업으로 경제의 중심이 옮겨갔다.

2) 경제 성장의 동력

　박정희 정부는 1960년대 독일로부터 1억 4천만 마르크의*차관을 얻는 대가로 독일에 간호사 1만여 명과 광부 7,800여 명을 파견하였다. 또 베트남 파병 이후 총 40만 명의 병사와 산업 인력이 8억 5천만 달러 규모의 베트남 특수를 얻어 냈다. 중동 지역에 건설 기업과 노동자들을 대거 진출시키기도 하였다. 이렇게 벌어들인 외화 수입은 대한민국 경제 성장에 큰 몫을 차지하였다.

*차관: 한 나라의 정부나 기업, 은행 등이 외국 정부나 공적 기관으로부터 자금을 빌려 옴.

3) 노동자·농민 운동

경제 성장으로 많은 사람들의 삶의 질이 높아졌지만, 여전히 턱없이 낮은 임금과 열악한 노동 환경 때문에 고통받는 사람들도 많았다. <mark>1970년 노동 조건의 개선을 요구하는 전태일의 분신자살 사건이 있은 뒤 노동자들 사이에서 이러한 문제를 개선하려는 움직임</mark>이 나타났다.

① 광주 대단지 사건 (1971년)

산업화가 진행되면서 인구가 더욱 더 도시로 몰려들자 서울시가 인구를 주변으로 분산시킬 목적으로 무허가 판잣집 일대를 정리하면서, 철거민들을 경기도 광주 대단지(지금의 성남시)로 집단 이주시켰다. 그러나 철거민의 처지를 고려하지 않은 무리한 사업 추진으로 주민들의 *생활고는 심각하였고, 이주민들이 집단으로 서울시에 항의하는 사건이 일어났다.

② 함평 고구마 피해 보상 운동 (1976~1978년)

수출에 유리한 값싼 제품을 만들기 위해서는 값싼 노동력이 필요하였다. 이를 위하여 정부는 농산물 가격을 대체로 낮게 유지하였다. 전남 함평에서는 고구마값을 제대로 받지 못한 수백 명의 농민들이 시위에 나서서 결국 피해 보상을 약속받았다.

고구마든 감자든 농민의 피땀 어린 농작물을 귀하게 여겨야지!

③ YH 무역 사건 (1979년)

YH 무역의 여성 노동자들이 회사의 무책임한 폐업에 항의하며 시위를 벌였다. 그러나 회사는 요구를 들어주지 않았고, 정부는 경찰 1천여 명을 동원하여 이들을 강제로 진압하였다. 이 과정에서 노동자 1명이 추락하여 사망하는 사건이 벌어졌다. 이후 정치인을 비롯하여 종교인, 언론인, 학생 등 다양한 세력이 뜻을 같이하면서 비민주적인 정부에 저항하는 민주화 운동으로 발전하였다.

▲YH 무역 사건 당시 여공들

* 생활고 : 경제적으로 궁핍하여 겪는 생활상의 괴로움.

세계사 핵심 노트

1968년에 일어난 혁명에 대하여 알아보자.

1968년, 자유와 평화를 향한 외침

1968년은 전 세계적으로 격렬한 시위와 저항이 일어난 해였다. 이는 알제리, 쿠바, 베트남 등의 민족 해방 운동에 프랑스, 미국 등의 강대국이 개입하여 전쟁이 벌어지자 반대하는 운동에서 시작되었다. 젊은이들은 '이 전쟁은 과연 누구를 위한 것인가?'라는 물음을 던지며 *권위적인 국가 권력에 대항하여 자유로울 권리를 강조하였다.

1) 프랑스 – 68 혁명

1968년 3월, 미국의 베트남 전쟁 참전에 항의하는 뜻으로 대학생 8명이 미국 항공사인 아메리칸 익스프레스의 파리 사무실 유리창을 부수는 사건이 일어났다. 학생들은 곧 체포되었다. 그러자 이들의 석방을 요구하는 항의 시위가 이어졌고, 5월에는 노동자 총파업까지 겹쳐 수십만 명의 대규모 시위로 발전하였다.

시위대는 전쟁 반대뿐 아니라 양성 평등, 학교와 직장에서의 평등, 민주주의와 자유로운 토론 등을 주장하였다.

▲68 혁명

2) 미국 – 반전 평화 운동

베트남 전쟁에 반대하며 미국 정부를 향해 평화를 요구하는 학생들의 시위가 이어졌다. 군대에 갈 젊은이들은 병역 거부 운동을 벌였다. 1969년 8월, 우드스탁에서 열린 록 페스티벌은 이들의 저항 정신을 표출한 상징적인 행사가 되었다.

한편 비폭력 흑인 민권 운동을 펼쳐 온 마틴 루터 킹 목사의 죽음으로 인종 차별에 맞서는 흑인들의 저항 또한 확산되었다.

▲반전 평화 운동

▲마틴 루터 킹

* 권위적 : 지위나 권력을 내세우며 상대를 억압하는 것.

3) 체코슬로바키아 – 프라하의 봄

1968년 4월, 체코슬로바키아 공산당은 민주주의와 자유화를 지지하는 정책을 발표하였다. 민주적인 선거 제도를 마련하고, 국민들의 자유를 보장하며, 소련의 정치적 영향력에서 벗어나겠다는 내용이었다. 온 국민은 이와 같은 변화를 '프라하의 봄'이라 부르며 환영하였다. 그러나 주변 동유럽 공산주의 국가들이 영향을 받을 것을*우려한 소련이 군인 20만 명과 탱크를 앞세워 체코슬로바이카를 침략하여 무력으로 진압하였다.

▲소련의 체코 침공

4) 에스파냐 – 프랑코 독재 반대

1939년에 시작된 프랑코의 독재가 수십 년이나 계속되자, 대학에서 불만이 터져 나왔다. 1965년에 시작된 대규모 학생 시위는 몇 년 동안이나 지속되었고, 1969년에는 대학생 한 명이 시위 과정에서 죽는 사건이 발생하였다. 이에 항의하는 시위가 걷잡을 수 없이 커지자 프랑코 정부는 전국에 비상령을 선포하였다. 이후에도 민주화를 요구하는 시위는 계속되었다.

▲군복을 입고 서 있는 프랑코(앞쪽)

5) 그 밖의 나라들

이 시기에 영국에서는 10만여 명이 반전 시위에 나섰고, 이탈리아에서는 1969년 총파업에 무려 2천만여 명이 참여하여 노동자들의 권리를 주장하였다. 독일에서는 프랑크푸르트 대학을 중심으로 비상 조치법 폐지 운동이 일어났다.

이러한 1968년도의 분위기는 전 세계로 확산되어, 그 무렵 일본과 멕시코의 반정부 시위와 방글라데시의 독립운동에도 영향을 끼쳤다.

▲비틀즈
영국 출신의 세계적 팝 밴드로 반전과 평화를 주제로 한 음악을 만들었다.

* 우려하다 : 근심하거나 걱정하다.

도전! 역사 퀴즈

스마트폰으로 QR코드를 찍으면 보다 다양한 모바일 역사 게임을 만날 수 있습니다.

1번 ✏️ 90쪽, 133쪽, 138쪽, 140쪽, 158쪽, 177쪽을 참고하세요.

Q. 누리가 가로세로 퍼즐을 푸는 데 어려움을 겪고 있어요. 누리를 도와 함께 퍼즐을 풀어 보세요.

3·15 부정 선거 당시 부통령 후보가 누구였더라?

②평					
				④	
					면
			①	기	
③		신			

가로 열쇠 🗝

① ○○○은 3·15 부정 선거 당시 자유당의 부통령 후보로 출마하였다.
③ 박정희는 장기 집권을 위하여 1972년 ○○ ○○을 만들었다.
④ 새마을 운동의 기본이 되는 새마을 정신은 ○○, 자조, 협동을 말한다.

세로 열쇠 🗝

② 전태일은 청계천 ○○ ○○에서 재단사로 일하며 노동 환경을 개선하기 위해 노력하였다.
④ 전태일은 1970년 11월 13일 "○○ ○○○을 준수하라!"고 외치며 분신하였다.

2번 ✏️ 14쪽, 64쪽, 123쪽, 133쪽, 163쪽을 참고하세요.

Q. 아라도 가로세로 퍼즐에 도전하려고 해요. 아라를 도와 함께 퍼즐을 풀어 보세요.

①　마　　　
　　　　　　
②　　　　④한
⑤남　　　　
　　③바　　

가로 열쇠
① ○○○ ○○은 1970년대 낙후된 농촌 경제를 개선하기 위하여 시작되었다.
③ 전태일은 동료들과 ○○○를 조직하고 노동 환경 개선을 위해 노력하였다.
⑤ 6·25 전쟁은 ○○과 북한 간에 벌어진 전쟁을 말한다.

세로 열쇠
② 메러디스 빅토리호는 흥남 철수 작전 당시 ○○ ○○를 통하여 탈출하였다.
④ ○○ ○○은 1951년부터 1965년까지 대한민국과 일본 간에 한일 협정이 타결되기까지 7차례 열린 회담을 말한다.

도전! 역사 퀴즈

3번 🖉 30쪽, 107쪽, 119쪽을 참고하세요.

Q. 미로를 빠져나가면서 만나는 인물의 순서대로 업적을 나열해야 합니다. 옳은 순서는 무엇일까요?   답 (   )

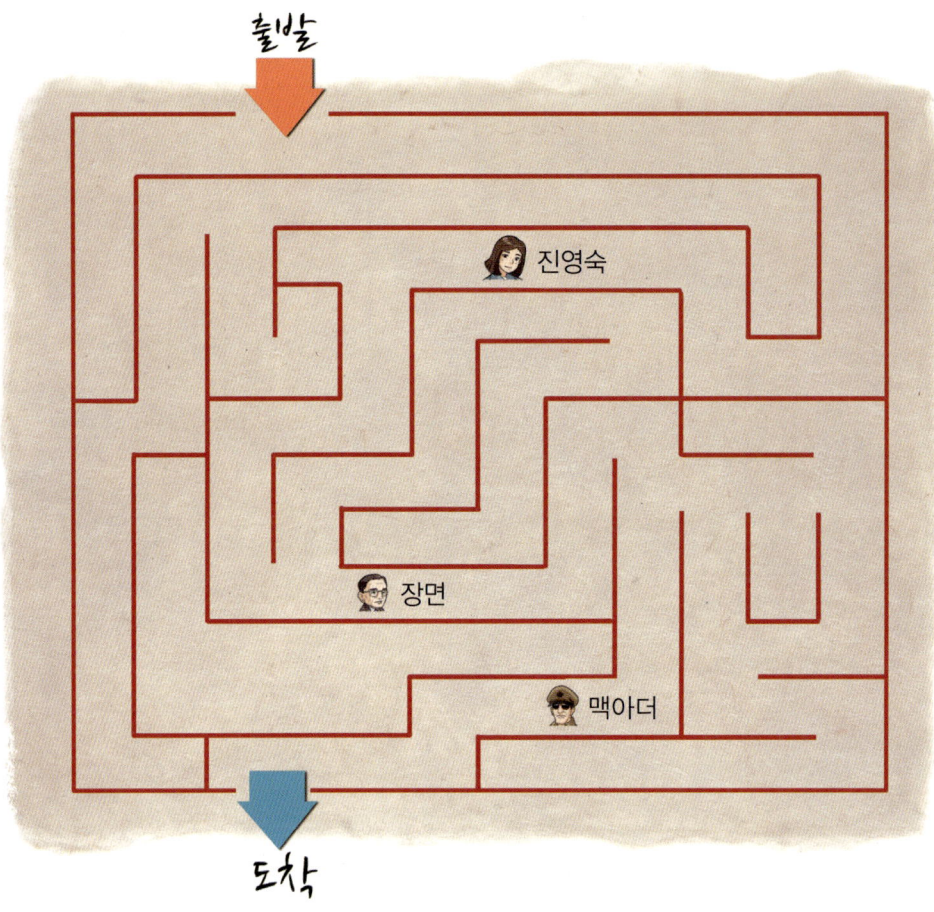

㉠ 4·19 혁명 이후 등장한 제2공화국의 국무총리로 정부를 이끌었다.
㉡ 인천 상륙 작전을 지휘한 유엔군의 총사령관이다.
㉢ 1960년 4월 19일에 열린 시위에 참여하였다 사망한 여학생으로, 당시 사망자 중 유일하게 유서를 남겼다.

① ㉠-㉡-㉢   ② ㉠-㉢-㉡
③ ㉢-㉠-㉡   ④ ㉡-㉢-㉠

4번 30쪽, 31쪽을 참고하세요.

Q. 아라와 순심이 어떤 인물에 대하여 이야기를 나누고 있습니다. 누구에 대한 이야기를 하고 있는 것일까요?   답 (   )

①
현봉학

②
전태일

③
맥아더

④
노종해

도전! 역사 퀴즈

5번 42쪽, 54쪽, 65쪽을 참고하세요.

Q. 다음은 6·25 전쟁에 관한 설명입니다. ㉠에 들어갈 내용으로 가장 적절한 것은 무엇일까요? 답 (   )

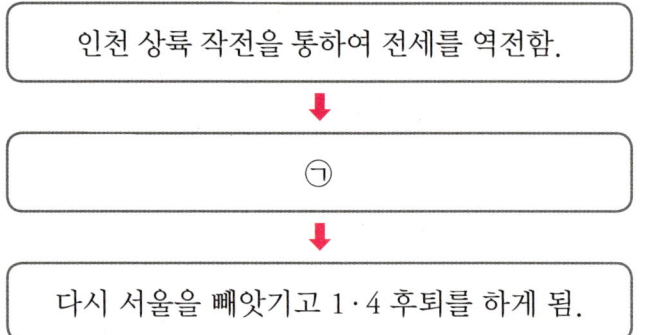

인천 상륙 작전을 통하여 전세를 역전함.
↓
㉠
↓
다시 서울을 빼앗기고 1·4 후퇴를 하게 됨.

① 북한군이 기습적으로 상륙하였다.
② 판문점에서 휴전 회담이 시작되었다.
③ 이승만 정부는 부산을 임시 수도로 정한 뒤 피난하였다.
④ 중국군이 참전하면서 국군과 유엔군이 밀리기 시작하였다.

6번 78쪽, 79쪽, 112쪽, 121쪽을 참고하세요.

Q. 아라와 누리가 6·25 전쟁에 대하여 이야기를 나누고 있습니다. 이 중 옳은 내용만 고른 것은 무엇일까요? 답 (   )

① ㉠, ㉡
② ㉠, ㉢
③ ㉡, ㉢
④ ㉢, ㉣

6·25 전쟁은 어떤 결과를 가져왔을까?

㉠ 휴전 협정이 체결된 후 남북한은 곧 화해와 평화를 위해 노력했어.

㉡ 3년이나 지속된 전쟁으로 인명 피해가 엄청났어.

㉢ 건물과 공장 대부분이 파괴되어 경제가 위태로워졌지.

㉣ 수많은 이산가족이 발생했지만 남북한 정부의 배려로 연락은 쉽게 할 수 있었어.

7번 109쪽, 119쪽을 참고하세요.

기억이 나지 않을 땐 책을 다시 읽어 봐!

Q. 다음 신문 기사의 ㉠에 들어갈 내용으로 옳은 것은 무엇일까요?

답 (　　　)

결실을 맺은 민주주의 운동, ㉠ _____

1960년 4월 26일, 이승만 대통령이 하야 성명을 발표하자 많은 시민들이 만세를 외치며 환호하였습니다. 전문가들은 앞으로는 새로운 헌법에 따라 새로운 정치가 펼쳐질 것이라고 예측하였습니다.

① 4·19 혁명　　　　　② 부·마 민주화 운동
③ 광주 민주화 운동　　④ 6월 민주 항쟁

8번 123쪽, 126쪽, 127쪽, 132쪽, 133쪽을 참고하세요.

Q. 선생님이 박정희 정부의 정책을 칠판에 정리하였습니다. 이 정책들과 관련 있는 내용은 무엇일까요?

답 (　　　)

한일 협정 체결
베트남 전쟁 파병
새마을 운동
경제 개발 5개년 계획

① 경제 성장의 자금을 마련하여 부자 나라를 만들자.
② 군대를 현대화하여 북한과의 경쟁에서 승리하자.
③ 한일 간 동맹을 강화하자.
④ 국민의 권리와 자유가 보장되는 민주주의 국가를 건설하자.

도전! 역사 퀴즈

9번 ✏️ 159쪽, 160쪽, 162쪽, 163쪽, 177쪽을 참고하세요.

Q. 다음은 전태일이 받은 공로상입니다. 빈칸에 들어갈 내용으로 가장 적절한 것은 무엇일까요?　　　　　　　　　　　답 (　　　)

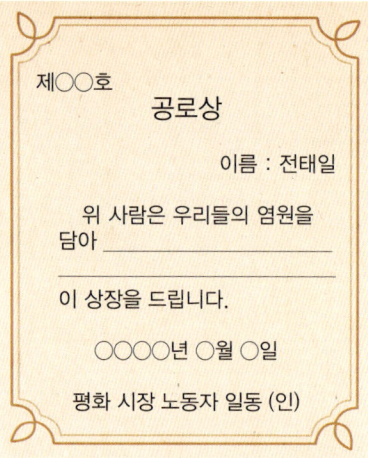

① 튼튼한 기업을 육성하여 경제 성장에 이바지하고자 하였기에,
② 노동 환경을 개선하고 노동자의 권리를 지키고자 하였기에,
③ 전쟁 기간 동안 목숨을 걸고 싸워 우리 국민을 지키고자 하였기에,
④ 부정 선거에 맞서 민주주의의 원칙을 바로 세우고자 하였기에,

10번 90쪽, 98쪽을 참고하세요.

Q. 아라와 누리가 이야기를 나누고 있습니다. 다음 지도의 ㉠~㉣ 중 아이들이 이야기하는 지역을 기호로 써 보세요.　　답 (　　　)

그 이야기 들었어? 김주열이란 학생 시신이 바다에 떠올랐다던데?

지난번 선거 때 부정행위를 비판하며 시위가 크게 일어났던 지역이었지, 아마?

11번 177쪽, 178쪽, 179쪽을 참고하세요.

Q. 다음은 1970년대 노동자들의 대화입니다. 이 대화 직전에 일어난 노동 문제 관련 사건을 골라 보세요. 답 (   )

① 경제 개발 5개년 계획이 실패하여 경제가 침체되었다.
② 전태일이 근로 기준법 준수를 외치며 분신하였다.
③ 베트남 전쟁 파병 등을 통해 경제 개발 자금을 마련하였다.
④ 미국의 원조를 바탕으로 삼백 산업이 성장하였다.

12번 120쪽, 121쪽을 참고하세요.

Q. 량이가 아이들에게 스무고개 문제를 내고 있습니다. 이 문제에 해당하는 사건은 무엇일까요? 답 (   )

첫째 고개 : 반공과 경제 개발을 강조했어.
둘째 고개 : 기존의 정권을 무너뜨리고, 군인들이 나라를 장악했지.
셋째 고개 : 박정희가 권력을 잡는 계기가 되었어.

① 5·16 군사 정변　　　② 4·19 혁명
③ 12·12 사건　　　　　④ 7·4 남북 공동 성명

도전! 역사 퀴즈

13번 ✏️ 103쪽, 108쪽, 109쪽을 참고하세요.

Q. 아라와 누리가 국립 4·19 민주 묘지를 방문하였습니다. 아라와 누리의 대화 중 옳지 <u>않은</u> 것은 무엇일까요?　　　답 (　　　)

① 아라 : 4·19 혁명 당시 희생당한 사람들을 추모하기 위한 기념탑이 있어.
② 누리 : 중학생과 고등학생, 대학생들이 시위를 주도했지.
③ 아라 : 학생들의 희생에 분노한 교수들도 시위에 동참했어.
④ 누리 : 결국 이승만 대통령도 다시 실시된 대통령 선거에서 패배하여 물러났지.

14번 ✏️ 194쪽을 참고하세요.

Q. 다음은 관광객 유치를 위한 신문 광고입니다. 광고에서 홍보하고자 하는 장소는 어디일까요?　　　답 (　　　)

남북 분단의
아픔이 깃든 현장!

6·25 전쟁 당시 휴전 회담이 이루어진 곳으로, 남북 갈등을 가장 직접적으로 보여 주는 장소입니다. 이곳에서 분단의 아픔과 통일의 중요성을 느껴 보세요.

① 경무대　　② 중앙청　　③ 판문점　　④ 국회 의사당

이제 마지막 문제야! 조금만 더 힘내!

15번 123쪽을 참고하세요.

Q. 다음은 박정희 정부 시절을 배경으로 한 가상의 뉴스입니다. ㉠에 들어갈 내용으로 옳은 것은 무엇일까요?　　　　답 (　　　)

14년간 예비회담을 포함하여 총 7차례에 걸쳐 진행된 ㉠ _____ 끝에 마침내 한일 협정이 체결되었습니다. 한일 협정을 통해 대한민국과 일본 양국은 국교를 정상화하고 새로운 시대를 맞이할 것으로 보입니다. 그러나 한편에서는 한일 협정은 굴욕 협정이라며 비난하는 목소리가 커 시선을 끌고 있습니다.

① 한일 회담
② 한일 합병
③ 한일 신협약
④ 한일 국교 정상화

16번 99쪽, 108쪽, 109쪽, 140쪽을 참고하세요.

Q. 다음은 이승만 정부 시절을 배경으로 한 가상의 시나리오입니다. ㉠에 들어갈 알맞은 장면은 무엇일까요?　　　　답 (　　　)

국민이 원한다면 대통령직에서 물러나겠다.

① 독일에서 열심히 일하는 파독 간호사
② 인천 상륙 작전을 지휘하는 맥아더
③ 시국 선언문을 발표하는 대학 교수단
④ 평화 시장에서 노동 운동을 하는 전태일

QR 박물관

스마트폰으로 QR코드를 찍어 보면 해당 기관의 문화재 정보로 연결됩니다.

6·25 전쟁 삐라

'삐라'는 일본어 발음에서 유래한 말로, 선전이나 광고 또는 선동하는 글이 담긴 종이쪽을 말한다. 6·25 전쟁 당시 남한과 북한은 각자 자신의 체제를 선전하거나 상대방을 선동하려는 목적으로 다양한 종류의 삐라를 제작한 뒤 유포하였다. 전쟁 기간 동안 남한·유엔군이 제작한 삐라 25억 장과 북한·중국이 제작한 삐라 3억 장이 뿌려진 것으로 추정된다.
- 소장지: 서울특별시 종로구 삼청로 37 국립민속박물관

▲ 6·25 전쟁 삐라 ⓒ 국립민속박물관

팔미도 등대

1903년 6월에 우리나라 최초로 바닷길을 밝힌 팔미도 등대는 서해·남해에서 인천으로 들어오는 길목에 있다. 오늘날에도 팔미도 등대는 26m의 등탑, 전망대 등의 시설과 첨단 위성 항법 보정 시스템을 갖추고 등대로서의 역할을 다하고 있다. 인천광역시 유형 문화재 제40호.
- 소재지: 인천광역시 중구 팔미로 15

▲ 팔미도 등대 ⓒ 인천광역시중구청

판문점

서울에서 통일로를 따라 북쪽으로 약 50km 떨어진 지점에 위치하고 있다. 1953년 7월에 휴전 협정이 이루어진 곳으로, 국토 분단의 비극과 한민족 간 전쟁이라는 아픔을 되새기는 교육장이기도 하다.
- 소재지: 경기도 파주시 진서면 어룡리

드론 촬영한 생생한 유적지를 만나 보세요!

▲ 판문점 ⓒ 천재교육

▲ 감천 문화 마을 ⓒ 천재교육

감천 문화 마을

드론 촬영한 생생한 유적지를 만나 보세요!

1950년대에 6·25 전쟁의 피난민들이 모여 살던 것을 시작으로 현재에 이르기까지 부산의 역사를 그대로 간직하고 있는 마을이다. 산기슭을 따라 질서정연하게 늘어선 작은 집들과 모든 길이 통하는 골목길이 특징이며, 최근에는 이곳에 문화 예술촌이 조성되고 있다.
- 소재지 : 부산광역시 사하구 감내2로 203

국립 4·19 민주 묘지

1960년 4·19 혁명 당시 희생당한 영령을 모신 합동 묘지로 1963년 9월에 건립되었다. 조성 당시에는 약 3천 평이었으나 1990년대에 약 4만 평으로 확장하였다. 묘지 한가운데는 4월 학생 혁명 기념탑이 우뚝 서 있으며 그 밖에도 분향소, 4·19 혁명 기념관 등이 있다.
- 소재지 : 서울특별시 강북구 4·19로8길 17

▲ 국립 4·19 민주 묘지 ⓒ 뉴스뱅크

포니 자동차

포니는 현대자동차가 1975년부터 1985년까지 생산하였던 승용차로, 우리 기술로 대량 생산에 성공한 첫 번째 모델이다. 우리 나라 자동차 공업의 자립과 도약의 발판이 된 차종으로, 자동차 산업과 발전에 획기적인 역할을 하였다.
- 소장지 : 경기도 여주시 대신로 244

▲ 현대자동차 포니 I ⓒ 문화재청

* 본책에서 제공하는 사진 자료의 QR코드 서비스는 표시되어 있는 저작권 이용 조건에 따라 사용하실 수 있습니다.

도전! 역사 퀴즈 정답과 해설

1번 답

②평				
화			④근	면
시			로	
장		①이	기	붕
			준	
③유	신	헌	법	

2번 답

①새	마	을	운	동
	②흥			④한
⑤남	한			일
부		③바	보	회
두				담

빨리 정답 확인하고 20권 읽으러 가야 되는데!

3번 답 ③

㉠ 장면은 4·19 혁명 이후 국무총리에 당선되어 정부를 이끌었다. ㉡ 맥아더는 6·25 전쟁 때 유엔군 총사령관으로 부임하여 인천 상륙 작전을 지휘하였다. ㉢ 진영숙은 4·19 혁명 당시 사망자 중 유일하게 유서를 남겼다.

4번 답 ③

6·25 전쟁 당시 유엔군 총사령관이었던 맥아더에 대한 대화다.

5번 답 ④

인천 상륙 작전의 성공으로 국군과 유엔군은 북한군을 압록강까지 몰아붙였다. 그러나 중국군이 6·25 전쟁에 참전하여 북한군을 지원하자 전세가 역전되어 1951년 1월 4일에는 수도 서울을 포기하고 후퇴하였다.

6번 답 ③

㉠ 휴전 협정이 체결되면서 전투는 멈췄지만, 이후 남북한은 서로를 인정하지 않은 채 불신하며 적대감을 키웠다. ㉢ 수많은 이산가족들은 오랜 시간 동안 연락은 물론, 생사 확인조차 하지 못하였다.

7번 답 ①

1960년에 시민들의 힘으로 4·19 혁명이 성공하자 이승만 정권의 독재 체제를 무너뜨릴 수 있었다.

8번 답 ①

박정희 정부는 경제 성장에 필요한 자금을 마련하기 위하여 한일 협정을 체결하고 베트남 전쟁 파병에 적극적으로 나서기도 하였다. 이 자금을 발판으로 경제 개발 5개년 계획과 새마을 운동을 진행하였다.

9번 답 ②

전태일은 권리를 제대로 보장받지 못한 채 일하는 노동자들의 현실을 개선하고자 하였으며, 이를 위해 분신하였다.

10번 답 ㉢

1960년 3월 15일부터 부정 선거를 규탄하는 대규모 시위가 마산 지역에서 벌어졌는데, 이때 실종된 김주열 학생의 시신이 같은 해 4월 11일 발견되면서 전국에서 다시 한 번 대규모 시위가 일어나게 되었다.

도전! 역사 퀴즈 정답과 해설

11번 답 ②

1970년 11월에 근로 기준법 준수를 외치며 전태일이 분신하였다. 이를 계기로 대학생과 지식인들이 노동 운동에 가담하기 시작하였고, 노동자들 스스로 노동조합을 조직하여 대대적인 투쟁에 나서게 되었다.

12번 답 ①

5·16 군사 정변은 박정희를 중심으로 한 군인들이 군대를 동원하여 장면 내각을 무너뜨리고 권력을 장악한 사건이다.

13번 답 ④

4·19 혁명은 이승만 정부의 장기 집권과 3·15 부정 선거에 항거하여 국민들이 일으킨 민주주의 혁명이다. 전 국민의 저항에 부딪힌 이승만은 하야 성명을 발표하며 물러났다.

14번 답 ③

1953년 7월 27일, 6·25 전쟁의 휴전 협정이 판문점에서 체결된 이후 판문점은 남북 간의 충돌과 대화가 이어지는 남북 분단의 생생한 현장이 되었다.

15번 답 ①

한일 회담은 1951년부터 1965년 6월 22일 한일 협정이 체결되기까지 14년간 예비회담을 포함해 총 7차례에 걸쳐 있었던 대한민국과 일본 간의 외교 교섭을 말한다. 제5차 한일 회담까지는 양국의 입장차 등으로 결렬되었지만 1965년 2월에 일본 외무장관이 방한하여 한일 협정에 가조인함으로써 한일 회담은 마무리되었다.

16번 답 ③

1960년 4월 25일, 서울 대학교 교수회관에 모인 27개 대학의 교수 258명은 이승만의 퇴진을 요구하는 시국 선언을 발표하였다.

자료 제공

사진 출처 **29** 학도병·위키피디아 **45** 백두산함·위키피디아, 손원일·위키피디아 **46** 국제 연합기·위키피디아, 유엔 기념 공원·위키피디아 **78** 피난민·위키피디아 **79** 거창 사건 위령탑·거창사건추모공원, 국민 보도 연맹 회원증·위키피디아, 국민 방위군·위키피디아 **80** 매카시즘 포스터·위키피디아 에드워드 텔러·위키피디아 **81** 베를린 장벽·위키피디아, 케네디와 흐루쇼프·위키피디아, 핫라인·위키피디아 **112** 6·25 전쟁 이후 폐허가 된 도시·위키피디아, 원조 받은 밀가루·국립민속박물관 **113** 청계천 판자촌·위키피디아 **114** 대약진 운동 당시 용광로·위키피디아, 대약진 운동 당시 공동 식당·위키피디아 **115** 마오쩌둥과 홍위병·위키피디아 **140** 사사오입 개헌·위키피디아, 3·15 부정 선거·위키피디아, 4·19 혁명·위키피디아, 장면 내각 출범식·연합뉴스 **141** 5·16 군사 정변·위키피디아, 한일 국교 정상화·연합뉴스, 유신 헌법 공포·위키피디아, 부·마 민주화 운동·뉴스뱅크 **142** 호찌민·위키피디아, 베트콩·위키피디아 **143** 베트남 전쟁 파병·뉴스뱅크 **180** 수출 100억 달러 돌파 기념탑·연합뉴스 **181** YH 무역 사건·연합뉴스 **182** 68 혁명·연합뉴스, 반전 평화 운동·위키피디아, 마틴 루터 킹·위키피디아 **183** 소련의 체코 침공·위키피디아, 프랑코·위키피디아, 비틀즈·위키피디아 **192** 국립 4·19 민주 묘지·뉴스뱅크 **194** 6·25 전쟁 삐라·국립민속박물관, 팔미도 등대·인천광역시중구청, 판문점·천재교육 **195** 감천 문화 마을·천재교육, 국립 4·19 민주 묘지·뉴스뱅크, 현대자동차 포니Ⅰ·문화재청

이 책에 사용한 모든 자료의 출처를 밝히기 위해 노력하였습니다.
누락되거나 잘못된 점이 발견되면 바로잡겠습니다.

재미도 지식도 살아 있는 학습만화
LIVE 시리즈

과학 원리가 살아 있는 LIVE 과학
- 최신 과학 원리가 한 권에!
- 통합 교육 과정에 맞춘 교과 연계

• 첨단 과학(전 20권) / 지구 과학(전 10권) / 생명 과학(전 10권) / 기초 물리(전 10권) / 기초 화학(전 10권)
초등 전 학년 | 전 60권 | 각 권 200쪽 | 정가 각 13,000원

역사의 흐름이 살아 있는 LIVE 세계사
- 전문가와 함께 기획한 구성
- 각 나라의 대표 인물을 통해 배우는 생생한 역사

• 초등 전 학년 | 전 20권 | 각 권 200쪽 | 정가 각 13,000원

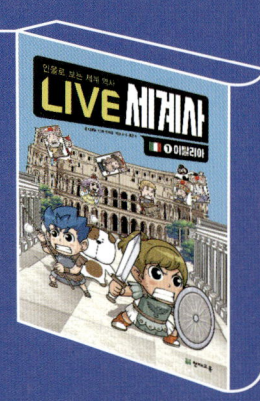

지식과 인물이 살아 있는 LIVE 한국사
- 시대별 인물을 통해 배우는 생생한 역사
- 한국사 능력 시험 직접 연계

• 초등 전 학년 | 전 20권 | 각 권 200쪽 | 정가 각 13,000원

재미를 더해 주는 멀티미디어 학습까지 한번에 즐거요!